bons motivos para ser católico

Um guia para adolescentes

Jim Auer

+10 bons motivos para ser católico

Um guia para adolescentes

Tradução
Luciana Pudenzi

Edições Loyola

Título original:
10 More Good Reasons to Be a Catholic — A Teenager's Guide
© Jim Auer 1999, Liguori Publications, USA.
ISBN 0-7648-0322-0

Preparação: Carlos A. Bárbaro

Diagramação e ilustração da capa: Flávia da Silva Dutra

Edições Loyola
Rua 1822 nº 347 — Ipiranga
04216-000 São Paulo, SP
Caixa Postal 42.335 — 04218-970 — São Paulo, SP
(11) 6914-1922
(11) 6163-4275
Home page e vendas: www.loyola.com.br
Editorial: loyola@loyola.com.br
Vendas: vendas@loyola.com.br

Todos os direitos reservados. Nenhuma parte desta obra pode ser reproduzida ou transmitida por qualquer forma e/ou quaisquer meios (eletrônico ou mecânico, incluindo fotocópia e gravação) ou arquivada em qualquer sistema ou banco de dados sem permissão escrita da Editora.

ISBN: 978-85-15-03330-0

© EDIÇÕES LOYOLA, São Paulo, Brasil, 2007

Sumário

0,5 Os pistoleiros do crime organizado
recebem um grande golpe! **7**

1 Por que eu devo ser católico? **11**

2 Eu gosto de Deus,
mas não gosto de ir à igreja **21**

3 Redigindo seu roteiro de fé com Deus **29**

4 Curando a doença chamada pecado **37**

5 Nunca é tarde demais para recomeçar **49**

| 5,5 | Intervalo | **59** |

| 6 | Ser bem-sucedido ou sofrer? Você não tem como fracassar | **63** |

| 7 | A Bíblia: verdade, ficção ou o quê? | **73** |

| 8 | Um arco-íris de estilos de missas | **85** |

| 9 | Antigas palavras para a mãe mais legal do mundo | **95** |

| 10 | Um baú de tradições católicas | **103** |

| 10,5 | Uma conversa final | **113** |

0,5
Os pistoleiros do crime organizado recebem um grande golpe!

"Você é meu herói", Samanta disse quando Alexandre lutou com o volante da enorme caminhonete nas curvas fechadas da estrada e a trouxe de volta à velocidade de 140 km/h. Na última meia hora, eles haviam sido perseguidos por pistoleiros do crime organizado. O primeiro grupo os havia perseguido num reluzente Lincoln preto. Em seguida (depois que Alexandre enganou o Lincoln ao sair da estrada), um segundo grupo chegou num helicóptero que Alexandre fez com que se chocasse contra...

>Leitor: Desculpe, mas você não estaria escrevendo um outro livro? Este deveria ser *Mais dez bons motivos para ser católico*.
>
>Autor: E é. Eu estava só me divertindo. Num de meus últimos livros, coloquei uma cena de amor e uma

perseguição de automóvel no meio do livro só por diversão. Algumas pessoas gostaram, então eu coloquei algumas cenas no meu último livro também. Além disso, eu comecei a gostar de escrever sobre perseguições de automóveis e cenas de amor. Assim, pensei em começar este livro com uma. Na verdade, é a mesma cena, com Samanta e Alexandre no caminhão na estrada. Eu ainda não a terminei.

Leitor: Não tenho certeza de que você precise terminar. Mas o livro é seu.

Autor: Tem razão, embora na verdade seja o *seu* livro também.

Leitor: Por quê?

Autor: Bem, em primeiro lugar, você está começando a lê-lo — aliás, devo agradecê-lo por isso — e, em segundo lugar, você é católico, certo?

Leitor: Sim.

Autor: Bingo! É por isso que este livro é seu.

Leitor: Por que você o está escrevendo?

Autor: Bem, quando me ofereceram milhares e milhares de dólares...

Leitor: É suposto que os católicos devem sempre dizer a verdade.

Autor: Está certo. Bem, às vezes você está envolvido em algo durante anos e começa a achar aquilo habitual, e então esquece a razão pela qual está ali. Ou chega um ponto em que algo faz você se perguntar se deveria continuar ali. Isso pode acontecer quando praticamos um esporte, por exemplo. E pode acontecer também com a fé. Se algo assim está acontecendo com você e com sua vida de fé católica, espero que este livro possa ajudar. E se você está totalmente satisfeito com sua fé católica e com a forma como ela afeta sua vida, sempre existe espaço para um pouco mais de conhecimento.

Leitor: Este livro vai ser chato?

Autor: O livro não será chato... o livro não será chato... o livro não será chato; não, realmente, o livro não será...

Leitor: Pare.

Autor: Boa idéia. Farei o melhor possível ao longo dos dez capítulos e das razões. Prometo. Pensando bem, o livro oferece *doze* razões.

Leitor: Quais são as outras duas?

Autor: Alexandre e Samanta são católicos.

1
Por que eu devo ser católico?

O melhor motivo para ser um católico é:

a. Sua família é católica desde os tempos de Noé.
b. Os católicos têm as missas de domingo mais curtas.
c. Os católicos têm mais chance de ir para o céu; as chances das outras pessoas são muito incertas.
d. Seu irmão mais velho tornou-se um metodista, o que fez com que sua mãe quase tivesse um ataque do coração, e você não quer matá-la mudando de religião também.
e. O papa é realmente legal para um senhor de idade.
f. Os católicos têm a única versão da Bíblia que é pessoalmente aprovada por Deus.

g. Os cantos católicos não levam você exatamente ao delírio da empolgação, mas são melhores que os hinos *realmente* antigos da Igreja Batista.

h. O número de católicos é maior que o número de adeptos das outras religiões.

Você está certo — até aqui, a única resposta certa seria "nenhuma das anteriores". Vamos acrescentar outra opção:

i. Outra:_____.

É aí que você deve escrever seu próprio motivo para ser um católico. É este o motivo que realmente conta para você. Você tem um?

Faz diferença a qual igreja ou religião você "pertence", ou todas elas vão dar na mesma coisa? Qual é a diferença entre ser católico e ser batista ou metodista ou um membro da Igreja Primeira da Fé Missionária do Quarto Evangelho Quadrangular da Bíblia? Nós temos muita coisa em comum com eles?

Em quase todas as Igrejas cristãs você encontrará pessoas que acreditam nas mesmas coisas básicas em que você acredita como católico: há um único Deus. Jesus, o Filho de Deus, morreu na cruz para pagar o preço do pecado e ressuscitou para tolher o poder do pecado; Ele nos salvou da morte eterna. Nosso destino é passar a eternidade no céu. Jesus nos ensinou, tanto por palavras como por suas ações, como viver, especialmente a nova lei do amor. A Bíblia é a Palavra de Deus inspirada.

Na verdade, considere você o credo dos apóstolos ou o credo niceno (nossa "profissão de fé" na Missa), e a maioria dos cristãos, mas nem todos, concordará em todos os itens. Por exemplo, a maioria dos seguidores de Jesus, mas nem todos, acredita que ele era verdadeiramente Deus e verdadeiramente humano ao mesmo tempo. A maioria, mas nem todos, acredita que Deus é uma Trindade: Pai, Filho (que adotou forma corpórea na pessoa de Jesus) e Espírito Santo.

Há muito em comum, e é preciso ter isso em mente quando estamos em situações em que somos diferentes dos outros cristãos. Todo seguidor de Jesus é um irmão ou uma irmã especial no Senhor.

É preciso mais tempo para explicar as diferenças entre nós e os outros cristãos. Aqui estão algumas das diferenças básicas. Teremos de simplificá-las ao máximo.

A Igreja católica é diferente no modo como é fundada e organizada — naquilo que denominamos a estrutura de nossa Igreja. Algumas congregações cristãs são as únicas de um determinado tipo, completamente independentes. Nós pertencemos a uma comunidade global com uma estrutura de liderança definida encabeçada pelo papa.

Somos diferentes de alguns outros cristãos pelo modo como entendemos a Bíblia. Os católicos acreditam que Deus escolheu duas maneiras para nos comunicar a verdade. Uma delas é a Bíblia, ou Sagrada Escritura. A outra maneira é denominada Tradição Sagrada — o poder do Espírito Santo de agir nos membros e líderes da Igreja e por meio deles. Em outras palavras, nós não acreditamos que tudo o que é revelado por Deus está contido somente — palavra por palavra — na Bíblia, como muitos outros cristãos acreditam. Isso, contudo, não significa que atribuamos à Bíblia um lugar secundário.

Também somos diferentes de muitos outros cristãos na forma como interpretamos algumas partes da Bíblia. Muitos outros acreditam firmemente na "inspiração literal" da Bíblia. Por exemplo, como no livro do Gênesis se lê que Deus criou o mundo em seis dias, eles acreditam que a Terra e todas as espécies de vida foram geradas naquele período de seis dias.

O ensinamento católico sustenta que a Bíblia é uma coleção de *muitos gêneros de escrita*. Todos eles são inspirados por Deus e contêm a verdade sobre como Deus age para nos salvar. Mas eles não podem ser todos considerados e lidos do mesmo modo. Algumas partes que parecem históricas podem não ter sido escritas da mesma forma como a história é registrada hoje em dia.

Acreditamos que a salvação chega para nós por meio do poder de Jesus, que sob circunstâncias normais recebemos no batismo. Alguns cristãos acreditam que cada pessoa tem de tomar uma decisão pessoal oficial e única de aceitar Jesus como seu Salvador pessoal a fim de receber a salvação que Jesus traz. Isso é usualmente conhecido como "ser salvo".

Contudo, provavelmente mais que qualquer outra coisa, nós, católicos, encontramos nossa identidade celebrando os sacramentos. Estes sacramentos, que têm como centro a eucaristia, são portas para o sobrenatural. Por meio deles,

Deus entra em contato conosco poderosamente, e cada um deles traz o poder salvador de Jesus para nossas vidas de uma maneira especial. Acreditamos que Deus deu à Igreja a autoridade para fazer determinadas coisas — como a água do batismo, o óleo da crisma, o pão da eucaristia — canais e expressões especiais da graça.

Você pode ver isso em nosso culto.

Nossa missa começa com a Liturgia do Mundo, que trata da presença de Deus nos escritos sagrados da Bíblia. Nós cercamos estas leituras com hinos, orações e as reflexões do padre ou diácono na homilia.

Para muitos cristãos, este *é* basicamente o seu culto. Para nós, é apenas a primeira parte, que nos conduz a celebrar a Liturgia da Eucaristia. O pão e o vinho que oferecemos dando graças a Deus *tornam-se* o corpo e o sangue de Jesus o Cristo, e então o recebemos como alimento.

Faz alguma diferença a que fé cristã você pertence? Boa pergunta.

Pense num pêndulo que vai e vem. Num dado momento ele está no seu ponto máximo à esquerda, em seguida ele reflui e muda de direção para seu ponto máximo à direita. É uma boa imagem da maneira como as perspectivas e as atitudes das pessoas às vezes se modificam de um extremo para o outro.

Não muitos anos atrás, muitas fés cristãs tinham uma certa atitude em relação às outras fés cristãs. Era algo do tipo: "Nós estamos certos; vocês estão errados. Nós temos a verdade; vocês estão equivocados. Isso significa que nós iremos para o céu e vocês, bem, digamos que suas chances não parecem muito grandes. Se vocês forem espertos, virão para a nossa religião — a única verdadeira".

Há uma palavra para definir essa atitude: *arrogância*.

Infelizmente, algumas Igrejas cristãs ainda têm esta atitude: "Acredite exatamente naquilo em que eu acredito, ou você certamente sofrerá". A maioria dos cristãos, graças a Deus, abandonou esse tipo de atitude.

Mas alguns de nós, como o pêndulo, inclinaram-se para o extremo oposto, que é algo do tipo: "Não faz diferença a que fé você pertence. Tente apenas ser bom com as pessoas. Todas elas acabam dando nisso".

É ISSO?!

Deus tornou-se um ser humano em Jesus, viveu na Terra por três décadas, ensinou uma forma de crer e de viver radicalmente diferente, aceitou a morte na cruz, ressuscitou dos mortos, incumbiu seus seguidores de ensinar em seu nome tudo aquilo que ele ensinara — e a única coisa válida para ser aprendida é "apenas tente ser bom"?

Isso soa mais como um programa genérico do bom cidadão. Nesse caso, Deus poderia ter evitado muitos problemas complicados apenas pendurando uma grande placa no céu, como as faixas do tipo "João 3,16" que se vêem em jogos de futebol, só que esta diria: "Ei, pessoal, apenas tentem ser bons, ok? Obrigado. Atenciosamente, Deus".

Parece ser possível ser tão preocupado em não ser preconceituoso ou limitado a ponto de reduzir todas as crenças a "No fundo é tudo a mesma coisa". Mas na verdade *não* é. Eis alguns exemplos.

"Jesus era realmente Deus e realmente humano." "Jesus era um homem santo, mas não era realmente Deus." "Jesus era Deus mas não era humano; ele apenas parecia humano."

Essas afirmações *não* são "a mesma coisa".

"O pão e o vinho *tornam-se* o corpo e o sangue de Jesus." "O pão e o vinho continuam sendo pão e vinho, mas são imbuídos do poder de Jesus." "O pão e o vinho são apenas recordações de Jesus."

Essas afirmações *não* são "a mesma coisa".

"O aborto é o assassinato de um ser humano muito pequeno." "O aborto não é exatamente certo, mas é necessário em muitos casos." "O aborto é uma solução sensata para um problema freqüente."

Essas afirmações *não* são "a mesma coisa".

Se você acredita que Jesus nos trouxe a verdade da qual não poderíamos tomar conhecimento de nenhuma outra forma, então você está buscando uma comunidade de fé cristã que sustente e apresente essa mensagem o mais completa e fielmente possível, e na qual o seu poder e a sua presença sejam reais para você.

Para mim, essa comunidade é a fé católica. Não é que eu pense que as outras fés sejam equivocadas; elas não são. Não é que eu pense que a nossa Igreja e todos os que estão nela sejam perfeitos; nós não somos. Não é que eu concorde com tudo o que se refere ao modo como nós operamos; eu não concordo com tudo. Não é que eu nunca tenha considerado a possibilidade de orar e cultuar com as pessoas da igreja batista; eu considerei.

Mas eu sou católico.

Há uma grande diferença entre ser arrogantemente limitado sobre nossa própria fé e perceber que ela realmente se enquadra no que sentimos — que ela é a certa, é aquela à qual pertencemos. O primeiro é ser um fanático religioso. O segundo é ser um verdadeiro crente, uma pessoa cuja fé realmente significa algo.

Há algo mais real num hindu cuja fé realmente orienta sua vida do que em alguém que diz "Sim, eu sou católico, mas isso não é grande coisa. Não importa o que você é; eu poderia muito bem ser outra coisa".

Essa postura de "tanto faz" não tem nada a ver com fé.

Há certos momentos na vida nos quais você precisa de algo em que se apoiar, algo sobre o que você já tenho pensado e *do qual você tenha certeza, não importa como as coisas pareçam naquele momento*. Talvez você ainda não tenha experimentado muitos desses momentos, mas você experimentará.

Talvez um de seus avós ou um de seus pais morra. Talvez seus pais se separem. Talvez sua melhor amiga engravide e lhe peça um conselho. Talvez um colega de escola atire na própria cabeça. Talvez um parente torne-se adepto de um culto e lhe dê "evidências bíblicas" de que você está no caminho do inferno se não aderir também. Talvez algumas pessoas na escola tornem sua vida um tormento, porque você não fará parte de seu estilo de vida "Beba, se dê bem, apronte".

Em casos como esses, e em muitos outros, você precisará de algo mais do que apenas o espírito do "tanto faz" para manter-se forte. Você precisará de algo mais além do lema "tente apenas ser bom" para lhe dar uma rocha na qual se agarrar e uma direção na qual navegar.

Você precisará de uma fé — uma fé de verdade.

Passe algum tempo pensando e orando sobre a sua.

> E eu, eu te digo: tu és Pedro, e sobre esta pedra edificarei a minha Igreja, e a Potência da morte não terá força contra ela.
>
> (Mt 16,18)

2

Eu gosto de Deus, mas não gosto de ir à igreja

A missa é chata?

Eu tenho conversado com muitas pessoas sobre este assunto candente. Stanislav McFiggin, de Spooner, em Wisconsin, escreveu: "É *claro* que a missa é chata. *Ela deve ser chata*, por isso é elaborada dessa forma. Você vai à missa para reparar os seus pecados, e espera-se que você sofra ao fazer isso. As pessoas que querem se divertir na missa simplesmente não entendem o seu propósito. Elas provavelmente não compreendem também nenhum dos outros catorze sacramentos".

Por outro lado, Carlene Slingmatter, de Vian, Oklahoma, escreveu: "A missa *não* é chata. Cada parte dela é fascinante, especialmente quando se canta a música toda. Qualquer um que pense que a missa é chata, bem, veremos se ainda pensará assim quando estiver fritando lá embaixo, onde os cubos de gelo não duram muito tempo".

Por fim, de Moose Jaw, em Saskatchewan, vem este conselho de Chris Broomturner: "Se a missa é chata para você, tente ser um católico ateu — pois assim você não acredita no que é, então não vai perceber que está entediado".

Com essas palavras inspiradoras para nos guiar — mas, novamente, talvez não —, vamos ver se conseguimos alguma coisa.

Em primeiro lugar, vamos eliminar duas idéias que fazem tanto sentido quanto um plano para consertar buracos na camada de ozônio com fita adesiva: 1) a missa sempre foi chata para qualquer pessoa com menos de 80 anos, sempre será, e não há esperança de que isso seja diferente; 2) as pessoas que pensam que a missa é chata não são boas pessoas; se fossem, não pensariam assim.

Ambas as idéias são ridículas. Em muitas igrejas, as pessoas — inclusive adolescentes e jovens — ficam ansiosas para que a missa comece, divertem-se bastante durante a cerimônia e querem voltar na semana seguinte. E, ao mesmo tempo, todos nós conhecemos pessoas realmente boas que, apesar de terem sido criadas como católicas, não vão à missa com muita regularidade.

Assim como as "explicações" simples não funcionam, também não funcionam as soluções simples. Não podemos resolver todo o problema aqui, mas a seguir há algumas coisas sobre as quais vale a pena pensar um pouco.

Nós tendemos a ficar entediados com algo para o qual simplesmente não vemos necessidade. Algum tempo atrás, minha esposa falou sobre retirar, lavar e pendurar novamente as cortinas da sala de estar. Eu disse que ajudaria, mas tentei fazê-la mudar de idéia. Eu achava que as cortinas estavam ótimas como estavam, a menos que alguém as pichasse. Eu ajudei, mas sem nenhuma empolgação, e pensava em maneiras melhores de empregar o meu tempo. Nós tendemos a aplicar nosso tempo e nosso entusiasmo em coisas que achamos realmente necessárias.

Assim, um motivo para não entender a necessidade de ir à missa de domingo é literalmente não ter um relacionamento significativo com Deus e/ou não ver necessidade de cultuar Deus publicamente. Isso não é o mesmo que negar a existência de Deus; poucas pessoas fazem isso. É a perspectiva que diz: "Com certeza Deus existe, mas, sabe, por que eu preciso fazer alguma coisa a respeito? Desde que eu não mate ninguém, o que mais eu realmente preciso fazer?". Esse não é um bom relacionamento, e não produzirá muita vontade de cultuar.

Muitas vezes penso que os jovens têm um relacionamento com Deus, mas quase nenhum com a comunidade, as outras pessoas que estão na igreja. "Por que Deus iria querer que eu viesse a este prédio antigo cheio de pessoas velhas que cantam músicas velhas e usam roupas antiquadas?"

Mas essa não é toda a imagem do grande demônio "é chato". Eis aqui mais alguns casos de tédio.

Às vezes nós não entendemos ou não acreditamos realmente naquilo que está acontecendo. Por exemplo, alguém que não entende nada sobre futebol poderia sentar-se na primeira fila num jogo decisivo da Copa do Mundo e ainda assim estar absolutamente entediado.

Em outras palavras, a causa do tédio nem sempre é o evento em si. Algumas vezes está na própria pessoa que está entediada. Neste ponto, não estamos falando de culpa ou responsabilidade pessoal, quer se trate de futebol ou de missa. Pode haver boas razões pelas quais uma pessoa não entenda nenhum dos dois. A questão é que uma boa dose de conhecimento e compreensão pode ajudar a afastar as grandes nuvens cinzentas do tédio.

Em outras ocasiões uma pessoa entediada *é* a responsável por sua falta de compreensão — e portanto é responsável por estar entediada. Por exemplo, em geral eu gosto de jogar baralho, mas a idéia de jogar *bridge* me atrai tanto quanto fazer um mapa das rachaduras da calçada. A principal razão é que eu não entendo o jogo.

E isso é culpa minha. Eu nunca fiz muito *esforço* para entendê-lo. Este problema é meu, e não um problema com o jogo em si. Anos atrás tive alguns maus momentos com ele, e agora, para ser honesto, tenho preconceito contra o jogo. Tenho a expectativa de que ele seja chato, então não me esforço para aprendê-lo. Se eu for honesto, terei de admitir que ele provavelmente poderia ser interessante, até para mim, se eu abandonasse o meu preconceito e fizesse um esforço para aprendê-lo.

Contudo, o futebol e o *bridge* são questões pequenas. Você pode viver noventa anos sem entender nem gostar de nenhum dos dois, e isso não será grande coisa.

Mas Jesus *é* uma grande coisa. Nós realmente temos uma obrigação de tentar entender o que está acontecendo, quando nos reunimos e fazemos isso "em memória de mim".

Às vezes temos expectativas realmente erradas quando abordamos algo. Exemplo:

"Treinador, estou aqui para fazer parte do time."

"Ótimo. Vamos começar o treino."

"Espere um pouco. Esses treinos, eles são muito legais de assistir, não são?"

"Bem, nós não *assistimos* a eles exatamente."

"Você os torna divertidos, não?"

"Você quer se *divertir*?"

"Claro. Senão, qual seria a graça? E durante o jogo, você vai garantir que eu farei só coisas empolgantes, coisas que eu gosto de fazer, desde que não exijam muito esforço, certo?"

Não vamos transcrever a resposta do treinador.

O jogador aqui tem algumas expectativas realmente erradas: "O que você vai fazer para me entreter?", em vez de "Me empenharei ao máximo, e isso ajudará a tornar a coisa divertida".

É claro que esse exemplo é um exagero. Mas ele pode nos ajudar a pensar sobre como abordamos a liturgia. Qualquer pessoa que já tenha feito parte de um time, de um grupo de teatro ou de um comitê de planejamento de uma grande festa sabe que isso requer esforço e envolvimento. Quando você age dessa forma, pode ser recompensador e divertido. Não necessariamente durante todo o tempo, mas no todo.

O mesmo acontece com a liturgia, a missa.

Certo, vamos engolir a pílula — às vezes, a maneira como a missa é celebrada não se assemelha muito a uma celebração. Pode parecer comum e mecânica. Eu já assisti a missas que, julgando-se apenas pela *aparência exterior*, fariam um sanduíche de mortadela parecer divino.

Talvez as pessoas tenham receio de se abrir e mudar, fazer algo diferente e agradável, mantendo as coisas essenciais como estão. Estilos de músicas diferentes, mais contemporâneos, chocam algumas pessoas como irreverentes. Elas se esquecem de que o rei Davi dançou em torno da arca da aliança, a própria presença de Jeová, naquilo que foi provavelmente uma procissão bem barulhenta para trazer a arca para casa.

Às vezes nenhum de nós quer fazer o que é preciso para que as coisas ganhem vida, como despender tempo para envolver-se em planejamento e ensaios. Não importa quão aberto seja o padre a coisas novas, ele não pode fazê-las acontecer sozinho. Isso tomará horas do tempo de outras pessoas.

"Fazei isto em memória de mim." Não é uma obrigação inventada pela Igreja para manter as pessoas dentro da organização. Não é uma alucinação de poder da parte de ninguém.

É o pedido que a pessoa que nos salvou de sermos condenados para sempre fez logo antes de morrer em nosso lugar.

Se a missa não parece funcionar muito bem, precisamos trabalhar nela — todos nós, de onde quer que venhamos. Nós não podemos nos dar ao luxo de ignorar, desistir ou apenas fingir diante da ação pela qual Jesus nos pediu para relembrá-lo.

> De fato, eis o que eu recebi do Senhor, e o que vos transmiti: o Senhor Jesus, na noite em que foi entregue, tomou pão, e após ter dado graças, partiu-o e disse: "Isto é o meu corpo, em prol de vós, fazei isto em memória de mim". Ele fez o mesmo quanto ao cálice, após a refeição, dizendo: "Este cálice é a nova aliança no meu sangue; fazei isto todas as vezes que dele beberdes, em memória de mim"
>
> (1Cor 11,23-25).

3

Redigindo seu roteiro de fé com Deus

Se você acessar a Internet, descobrirá todos os tipos de organizações que nem sabia existirem.

Um dia desses encontrei uma organização — OAMAER — e soube que em breve se realizaria uma reunião em sua sede local. Eu queria participar, mas tinha receio de que seus membros não ficassem à vontade com a minha presença como jornalista internacional e vencedor de um prêmio (eu tinha um artigo publicado no Canadá, e minha filha me dera um "Certificado de pai legal" vários anos antes no dia dos pais).

Então, exatamente como se faz nos filmes, comprei um furgão, pintei um aviso de "controle de pragas" nele ("Somos o Armagedon para os insetos") e ouvi suas conversas por meio de um aparelho de alta tecnologia que acredito ter sido inventado por Bruce Willis.

OAMAER significa "Organização de adultos para manter os adolescentes empolgados com a religião". Eu instalei o microfone no auditório e fiquei ouvindo tudo do meu furgão.

"Parece que todos já estão aqui. Vamos começar então", disse o presidente da assembléia. "Número um, você gostaria de começar? É geralmente você quem começa."

"Com muito prazer", disse o adulto número um. "Bem, é como se eu dissesse durante anos: as crianças de hoje em dia não são tão boas quanto as de antigamente. No meu tempo, os adolescentes não abandonavam a religião só porque se tornavam adolescentes. Eles jogavam futebol, comiam torta de maçã, ajudavam velhinhas a atravessar a rua, e iam à igreja não importava que idade tivessem. Portanto, a solução é simples: nós precisamos ser rígidos, repreendê-los severamente! As crianças de hoje precisam de informações exatas e sólidas sobre a temperatura no inferno."

"Espere um pouco, um", disse o adulto número dois. "A psicologia moderna demonstrou que os adolescentes precisam separar-se dos adultos e das instituições em suas vidas a fim de formar sua própria identidade. Assim, é claro que eles abandonarão a religião por algum tempo. Isso é perfeitamente saudável."

"E eles voltarão?", vociferou um.

"Bem, nem todos eles."

"Então o que é que há de tão saudável nisso?"

"O número três quer fazer um comentário", disse o presidente.

"Somos nós", disse três simplesmente.

"Será que você poderia ser um pouco mais preciso?"

"É *nossa* culpa! O que é que nós fazemos para que eles continuem vindo à igreja? Quantos bailes jovens nós promovemos? Nós precisamos fazer um baile todo fim de semana, com pizza de graça! Precisamos de bandas de rock e música pop, e grupos de rap cristão fazendo os hinos nas missas. Precisamos mudar as músicas de 'Quão grande és' para algo como 'Cara, você é dez'. Precisamos..."

"Isso é ridículo!", interrompeu um. "Isso não é nada diferente de subornar criancinhas com doces para que elas se comportem."

"Não adianta, não adianta", disse o número quatro. "O problema é a época em que nós vivemos. Tudo o que havia de bom acabou em 1959. Hoje em dia tudo é horrível, e não há nada que possamos fazer a respeito."

Certo, eu inventei isso. Mas *há* encontros nos quais adultos, consideravelmente mais inteligentes do que esses fictícios, discutem maneiras de manter os jovens interessados em sua fé, e inclusive freqüentando a igreja.

Se isso o aborrece ("Que direito eles têm de sentar-se em volta de uma mesa e tentar fazer com que continuemos vindo à igreja?"), considere que os adultos, nesses encontros, estão visando sinceramente os melhores interesses dos jovens.

Isso é diferente de outros encontros nos quais os adultos planejam estratégias de publicidade para ganhar mais e mais o seu dinheiro visando obter lucro para suas empresas. Se você está querendo se chatear, pense: "Que direito eles têm de sentar-se em torno de uma mesa e tentar fazer com que nós pensemos que precisamos de todas as coisas caras que eles estão vendendo para que eles possam ficar sordidamente ricos?". Infelizmente, é provável que existam muito mais encontros desse último tipo.

O assunto aqui é algo que eu denomino "o roteiro do sumiço". Um roteiro, em geral, é algo que você tem de dizer e fazer a fim de ser alguém. E isso é legal quando você está fazendo teatro. Se você quer ser Hamlet, você tem de dizer "Ser ou não ser", e você tem de parecer muito sério ao dizer isso. É o roteiro. Você não pode dizer "Espirrar ou não espirrar" enquanto segura nas mãos um lenço e revira os olhos. Se você quer ser Julieta, tem de dizer "Por que você, Romeu?", e não "Cara, por que você simplesmente não troca de família?".

Seguir um roteiro é ótimo se você está representando Hamlet, Julieta ou a pequena órfã. Mas isso não é tão legal se você está tentando representar — em outras palavras, *descobrir e tornar-se* — você mesmo.

Alguns cristãos começam sua adolescência muito conscientes de um roteiro que diz: "Você pode sentir e agir com religiosidade *até determinada idade*. Você pode ir à igreja regularmente e até cantar às vezes. Mas, em determinado momento — e você está quase lá —, tem de parar com isso, ou ao menos parar de gostar disso, totalmente. Se os seus pais *o fazem* ir à igreja, você tem de se queixar. Você tem de começar a pensar que as coisas religiosas são para crianças, adultos inatingíveis e pessoas realmente velhas. Se não..."

Senão *o quê?*

Senão você não será normal? Sua posição diante de seus iguais escorrerá pelo ralo? Você viverá os próximos cinco ou dez anos como um completo idiota social?

Quem está dando todas estas ordens?

Se vir esse roteiro — implícito ou explícito — diante de você e perceber que não quer realmente segui-lo, decida que você e Deus vão escrever o roteiro da sua vida e da prática de sua fé.

Contudo, se você efetivamente tem algumas dificuldades genuínas com a fé — dificuldades que provêm do que você é realmente, e não apenas daquilo que você andou ouvindo —, aí então se trata de uma situação inteiramente diferente.

Entre a infância e a maturidade, muitas coisas são repensadas e reavaliadas — incluindo Deus, a fé, a igreja, o culto e a oração. Não há nada de errado nisso. De fato, espera-se que isso ocorra de uma maneira ou de outra. Seria ridículo para uma pessoa de trinta anos recitar suas crenças religiosas exatamente da mesma maneira como as aprendeu aos dez anos, nem mais nem menos, e concluir com: "foi assim que a mamãe me ensinou". Em algum ponto do percurso, você terá de transformá-las em suas próprias crenças, porque é nelas que você acredita.

Às vezes, o processo é mais suave. Eu sei de muitos jovens que fazem a jornada do início da adolescência para o início da vida adulta sem nenhum trauma do tipo "não tenho mais certeza disto" a respeito de suas crenças religiosas.

Outras vezes, o processo é turbulento e instável. Os relacionamentos são cheios de altos e baixos, intimidade e distância. Isso acontece nos relacionamentos com um amigo, um irmão, um cônjuge, ou com Deus — embora neste caso a distância seja criada por nós, não por Deus.

A adolescência pode ser o primeiro momento para se sentir alguns dos altos e baixos e os períodos de distância. Mas isso para algumas pessoas. Certamente nem todas da mesma maneira. Não é uma coisa *necessária*. Está tudo bem se você tiver algumas dificuldades com sua fé, sejam elas muitas ou apenas uma ou outra. E está tudo certo também se você não tiver nenhuma dificuldade. Você percebe um padrão nisso?

A parte triste é não ter uma dúvida, um problema ou uma dificuldade com a fé. A parte triste é sentir que há um roteiro que *diz* a você para pensar da mesma maneira e ao mesmo tempo que os seus iguais. Tenha o seu próprio roteiro se ele vier com a promessa da ajuda compreensiva de Deus. Mas não se guie pela cabeça de outra pessoa simplesmente porque dizem que você tem de fazê-lo.

Escreva o seu próprio roteiro de fé. Ou, melhor, escreva-o em co-autoria com um autor muito bom chamado Deus. Às vezes temos medo de pedir a ajuda de Deus ao planejar nossas vidas porque imaginamos algo do tipo:

> Você: Querido Deus, por favor, me ajude a escrever a história de minha vida...

Deus: *Ótimo!* Eu estava me perguntando quando você ia me pedir isso. Eu já tenho tudo planejado.

Você: Você tem?

Deus: Absolutamente. Na faculdade você vai se especializar em estudos bíblicos, certo? É uma carreira árdua, então você não terá tempo para namorar nem para ir a festas nem nada do tipo, mas eu ajudarei você. Já com todo esse conhecimento bíblico você obviamente vai querer se tornar um missionário, então...

É uma variação de um antigo temor: "Deixar que Deus seja uma parte importante de minha vida irá banir dela toda diversão e me tornar uma pessoa esquisita".

E esse medo faz parte de um antigo roteiro que está por aí já há muito tempo.

Você precisa da sua própria opinião, uma opinião que permita que Deus trabalhe com você.

> Palavra que veio a Jeremias da parte do Senhor: "Desce logo à oficina do oleiro; lá te farei ouvir minhas palavras". Desci à oficina do oleiro: ele estava trabalhando no torno. Quando o objeto que o oleiro modelava com argila não saía bem, por causa de um gesto malsucedido, ele fazia outro, seguindo a técnica de um bom oleiro. Então a palavra do Senhor veio a mim: Acaso não posso agir convosco, gente de Israel, como age este oleiro — oráculo do Senhor? Vós estais na minha mão, gente de Israel, como a argila nas mãos do oleiro.
>
> (Jr 18,1-6)

4

Curando a doença chamada pecado

Notícias capazes de abalar o mundo chegando; não perca: *Algumas pessoas são estranhas.*

Essa descoberta científica, mais o fato de que eu tive gripe duas semanas atrás, me fizeram pensar que pode haver pessoas estranhas o suficiente para *gostar* da gripe, ou ao menos ignorar que seus sintomas indicam algo ruim. ("Eu não estou vomitando — estou simplesmente praticando meu processo digestivo gastrintestinal de modo inverso. É uma coisa perfeitamente comum, e eu estou me divertindo muito.")

Pessoas como essas provavelmente são raras; a maioria das pessoas acha a gripe realmente desagradável. Mas há outras condições médicas negativas mais fáceis de adaptar ou racionalizar.

Uma dorzinha no abdome que não vai embora, por exemplo. Você pode dizer que são "gases", aceitar e não fazer nada a respeito. Para algumas pessoas, isso é mais fácil do que encarar a possibilidade de que seja uma úlcera, o que exigiria uma mudança drástica nos hábitos alimentares.

Uma dor nas costas pode fazer com que uma pessoa caminhe encurvada — ao ponto de que ir a uma terapia de alongamento ou tentar andar ereta novamente pareça mais doloroso do que viver com o problema.

Não importa quão bem a pessoa fique ao racionalizar aquilo que está errado, a condição ou doença continua a seguir a sua toada. Mais cedo ou mais tarde, a úlcera vai se perfurar. No final, pode ser que a pessoa não consiga mais andar.

Sempre que algo está realmente errado, é um grande erro fingir que não está acontecendo nada ou que não é muito importante.

Isso é verdade não só para o nosso corpo. É verdade também no que se refere a nossa vida espiritual, na qual o "algo errado" chama-se *pecado*. É uma palavra que não gostamos muito de ouvir. Preferiríamos chamá-lo de outra coisa, como preferiríamos pensar numa doença intestinal séria simplesmente como "gases".

Seja físico ou espiritual, o dano progride. Seja físico ou espiritual, precisamos encarar o problema e ir ao médico.

No caso do pecado, precisamos buscar nosso terapeuta espiritual, o Senhor, e pedir-lhe que cure nossas enfermidades espirituais. Então o remédio do perdão de Deus pode ser aplicado em nossas vidas nos locais em que estamos feridos. O perdão é o ponto de encontro entre nós mesmos e nosso amor por Deus, o lugar onde começa toda cura.

Nas cenas seguintes, você conhecerá Tiago, Lúcia, Sérgio e Carmem. Cada um deles está enfrentando sua própria experiência da enfermidade espiritual que denominamos pecado. Cada uma das situações tem algo a dizer sobre a natureza do pecado e sobre a necessidade do poder de cura do perdão de Deus.

Cena um

Tiago não acreditou na doença. Não pensou que algo assim existisse.

"A doença é como o bicho-papão", ele disse. "É só uma idéia que as pessoas inventaram para que você faça o que elas querem, como lavar as mãos o tempo todo, comer alimentos saudáveis e coisas assim."

Como não acreditava em doenças, Tiago não estava preocupado quando pegou uma doença grave. E, é claro, não estava preocupado em não transmiti-la. Afinal, se uma doença não existe, como pode ser contagiosa?

"Acabei de saber sobre você e a Carla", disse Beto, deslizando sobre uma cadeira perto de Tiago na lanchonete. "O que aconteceu?"

Tiago rasgou o saquinho do canudo. "Fácil vem, fácil vai", disse ele displicentemente enquanto dobrava o canudo.

"Mentiroso", disse Beto. "Está tentando me dizer que isso não dói? Vocês estão juntos há quase um ano. Por que vocês terminaram?"

"Olhe ali. Está vendo?" — Tiago cutucou o braço de Beto com o cotovelo — "Letícia. Ela é bonita ou não é? Ela é a próxima. Nós vamos sair juntos no fim de semana. Você vai ver."

"Tiago, você é um cachorro. O que aconteceu entre você e Carla?"

"Ela parou, só isso. Simplesmente não queria fazer mais nada. Um cara tem o direito de fazer algumas coisas, afinal."

Houve uma ilha de silêncio entre eles no oceano de barulho da lanchonete.

"O que estou querendo dizer", continuou Tiago, "é que tem certas coisas que você simplesmente tem de ter. Você está entendendo, não está Beto? Ou você é um daqueles..."

"Eu entendi o que você está querendo dizer", disse Beto, espremendo um saquinho de molho francês. "Talvez seja melhor a gente mudar de assunto."

"Por quê? Eu lutei por isso e consegui. Os espertos fazem isso."

"E daí, Tiago?"

"Como assim?"

"E aí você perdeu. Você marcou um gol, e talvez faça mais alguns, e outros ainda, e mesmo assim perca o jogo."

"O que você quer dizer? Que eu perdi o jogo?"

"Carla significava alguma coisa para você. Não adianta dizer que não. Eu ouvi você dizer isso muitas vezes, e acho que era sincero. Carla ainda está com você?"

"Não, mas..."

"É isso o que eu quero dizer. Você fez alguns gols, mas perdeu o jogo, cara."

O pecado destrói. O pecado arruína. Tentar fingir que não existe algo como o pecado não impede que a destruição aconteça, especialmente nos relacionamentos, e muitas vezes em relacionamentos que poderiam ter sido maravilhosos.

Cena dois

Lúcia sabia que tinha uma doença. Ela não gostava de pensar sobre isso a princípio, mas depois se tornou totalmente óbvio. Porém, decidiu que a melhor maneira de lidar com o problema era ignorá-lo. Afinal, todo mundo não é um pouco doente?

Isso era verdade, é claro. Ninguém passa pela vida sem ficar um pouco doente, às vezes muito.

Então Lúcia decidiu que sua doença não importava, porque, de qualquer maneira, todo mundo fica doente. Assim, ela poderia enfrentar sua doença ao não enfrentá-la.

As duas primeiras séries de buzinas não funcionaram, então Cris começou a falar no megafone. Ela não gostava do que estava pensando; ela conhecia Lúcia muito bem.

O som da buzina ressoou pela vizinhança, e Cris mentalmente se desculpou com todos os vizinhos que estavam sendo acordados. Ela estava a ponto de desistir e ir até a porta da casa quando de repente esta se abriu e Lúcia saiu. Seu cabelo geralmente produzido estava apenas parcialmente arrumado. Não estava exatamente ruim, mas não era o estilo de Lúcia.

"É o que eu estou pensando?", perguntou Cris no exato momento em que Lúcia, após se atrapalhar com o trinco da porta, afinal abriu-a, e desabou no banco do passageiro.

"Perdi a hora. Desculpe. O despertador não funcionou."

"Parece mais que o seu *cérebro não funcionou* — provavelmente ontem à noite."

"Não sei o que você está querendo dizer, Cris, mas eu não quero ouvir."

"Deixe-me adivinhar o que eu estou querendo dizer. Que tal... ah! Uma coisa original: você foi a mais uma daquelas festas do Flávio, do tipo 'os pais estão sempre viajando nas sextas-feiras'. E você se divertiu *muito*, e é por isso que você está *muito* bem esta manhã, e é por isso que você vai se sair *muito* bem na prova que vai fazer daqui a quarenta e cinco minutos."

"Então... eu exagerei um pouco. A maioria das pessoas faz a mesma coisa às sextas-feiras e sábados. Imagino que você não soubesse disso. Eu gosto de fazer isso. Qual é o problema? Eles sempre marcam a prova do vestibular no sábado, e a maioria das pessoas, a não ser as pessoas supercertinhas como você, faz a prova depois de ter ido a uma festa na noite anterior. Isso já está previsto no resultado da prova."

"Quanto é cinquenta por cento de cento e oitenta?"

Lúcia hesitou, franzindo as sobrancelhas. "Dá um tempo, Cris, acabei de acordar!"

Cris suspirou. Ela não sabia se devia ficar irritada ou se devia se compadecer. Com certa aspereza na voz, ela tentou expressar as duas coisas: "Boa sorte, Lúcia".

O pecado destrói o que *poderia* ter sido, os planos e sonhos e esperanças que realmente poderiam ter acontecido. O pecado os come como petisco e então volta para fazer uma refeição engolindo a pessoa inteira. Fingir que se trata de outra coisa e não realmente de pecado — ou mesmo uma coisa normal, perfeitamente saudável, que todos fazem — apenas faz com que essa destruição ocorra muito mais rapidamente.

Cena três

Sérgio tinha uma doença. Ele sabia disso desde a primeira vez que ela se manifestou. Ele se sentia desconfortável ao pensar sobre ela. Envergonhado, na verdade. Mas, de certo modo, a doença lhe trouxe algumas coisas sem as quais ele logo sentiu que não poderia ficar.

Assim, ele tentou, durante algum tempo, se convencer de que sua doença não era assim tão terrível. Mas então a coisa piorou. Sérgio sabia que estava muito doente e que necessitava de ajuda. Mas, ainda que estivesse envergonhado de sua doença, precisava dela. Ou assim pensava.

"Jaqueta legal, cara", disse Nataniel a Sérgio quando os dois se cruzaram no estacionamento da biblioteca. "Mais uma jaqueta nova?"

"Pois é. Você está aqui por causa daquele tedioso dever que o Johnson mandou fazer?"

"É. Ele deixou alguns livros reservados." Nataniel gesticulou na direção da biblioteca. "O Edu está lá. Veja se você consegue animá-lo. Você soube do que aconteceu com o seu som estéreo, não soube?"

"Não", mentiu Sérgio. "Eu sei que é um som ótimo. Ele acabou de ganhá-lo no seu aniversário, na semana passada. Aconteceu alguma coisa com ele?"

"Foi roubado anteontem à noite. Com certeza era alguém que sabia como entrar na casa e que sabia quando ele e a mãe estariam fora."

"Que pena", resmungou Sérgio. "Eu vou falar com ele."

Tantas pessoas poderiam estar na biblioteca..., pensou Sérgio. *Isto é que é azar.*

Sérgio conseguiu evitar Edu durante algum tempo, mas por fim encontrou-se com ele na estante de periódicos.

"Edu! Cara, acabei de saber o que aconteceu com o seu aparelho de som", disse ele, torcendo para parecer espontâneo e convincente. "Você vai ganhar um novo da companhia de seguros, não vai?"

Edu abanou a cabeça. "Provavelmente não."

"Puxa, que..."

A voz de Edu estava embargada. "Perder toda a aparelhagem não foi o pior de tudo. Minha mãe fez muitas horas extras para comprar o som para mim. Nós não estamos nadando em dinheiro, exatamente. Eu fiquei exultante quando ela o comprou para mim. Ela disse que sabia o quanto eu gostava de música. Pensar em como ela trabalhou por nada, vê-la chorar — isso é pior que perder o aparelho de som. Mas eu acho que é a vida."

Houve uma pausa. Então Edu disse "Jaqueta bonita, Sérgio."

Há muitas mentiras associadas ao pecado, a alguns pecados em particular. Uma das mais comuns é: "Ninguém está saindo realmente prejudicado".

Cena quatro

Carmem sabia que seria doloroso livrar-se da sua doença. Ela vivera assim por tanto tempo que já não a via mais como uma doença. Afinal, não era apenas *sua* doença. Ela estava em todos no colégio e, de certo modo, em todas as outras pessoas. Parecia normal, até mesmo necessária.

Mas estava se tornando doloroso viver com isso, doloroso viver consigo mesma da maneira como estava.

Ao mesmo tempo, ela sabia que se libertar dela a deixaria muito sozinha.

Carmem aproximou-se da mesa da biblioteca na qual estava Laura com algumas amigas.

"Preciso falar com você, Laura", disse ela calmamente. "De preferência sozinha."

"Você tem medo de nós quando está sozinha, não tem Carmem?", disse debochadamente uma das amigas de Laura.

"Está bem. Conversaremos aqui, então", disse Carmem.

"Oh! Como ela é meiga e generosa!"

"Pare com isso, Vi", disse Laura. "Ela já está se arriscando só em ser vista aqui. Ela merece ser ouvida. O que foi?"

Carmem respirou fundo. "Eu estou desistindo", disse ela.

"Desistindo de quê?"

"De tudo isso. No momento, tudo gira em torno da eleição do conselho dos estudantes. Mas a coisa toda é maior que a eleição, você sabe disso."

"Eu *peguei* uma coisa aqui e outra ali." Isso poderia ter sido sarcástico, mas Laura sorriu genuinamente ao dizê-lo. "Pequenos lembretes de que nós não falamos como vocês, não vivemos no mesmo bairro que vocês, não andamos nos mesmos carros que vocês, e, acima de tudo, de que não somos brancos como vocês."

"Eu também não escolhi minha hereditariedade, Laura! Mas sou eu que decido se não quero participar de coisas que não deveriam acontecer. Então, estou lhe dizendo do que se trata, e também estou lhe dizendo que não vou participar disto."

"O que vai acontecer?", perguntou Laura.

"Haverá um boato amanhã", disse Carmem.

"*Outro?*"

Carmem suspirou. "Eles dirão que quando você faltou, na última sexta-feira, foi porque você estava fazendo um aborto. Dirão também que foi o seu terceiro aborto, e que em cada uma das vezes que você engravidou foi de um rapaz diferente."

Laura baixou os olhos, fixando-os sobre a mesa, com um sorriso triste em seu rosto. "Será um acontecimento médico: uma virgem fazendo seu terceiro aborto."

"Eu não entendi", disse Vi. "Por que você está nos contando? O que *você* vai fazer quando o boato começar a se espalhar?"

"Eu vou dizer", disse Carmem lentamente, "que é um boato deliberado, uma mentira. Se for preciso, direi inclusive que eu estava presente quando surgiu a idéia de espalhá-lo. Porque eu realmente estava."

Laura olhou intensamente para Carmem, estendeu sua mão e tocou a mão de Carmem levemente. "Você está andando na corda bamba, Carmem", disse ela. "Por que você está fazendo tudo isso assim de repente?"

Era a vez de Carmem fixar o olhar na mesa da biblioteca, e ela se atrapalhou com as palavras. "Acho que eu estou realmente cansada de fazer as coisas do outro jeito."

O pecado pode permear toda uma estrutura social da qual fazemos parte. Muitas vezes demora muito tempo até que possamos perceber que *nós fazemos parte* dela, inclusive os sem-pecado. Apartarmo-nos disso pode ser uma das coisas mais corajosas que faremos na vida.

Admitir o pecado — *realmente* o admitir — pode ser a coisa mais difícil que já fizemos. É muito mais fácil chamá-lo de alguma outra coisa ou fingir que não é importante, ou dizer que não podemos impedir e que não há nada que possamos fazer.

Admitir o pecado é também uma das coisas mais *libertadoras* que podemos fazer. Porque quando admitimos a doença podemos procurar um médico para nos tratarmos. Podemos parar de fingir.

> Ao verem isto, os fariseus diziam a seus discípulos: "Por que é que o vosso mestre come com os coletores de impostos e os pecadores?" Mas Jesus, que os ouvira, disse: "Não são os que têm saúde que precisam de médico, mas os doentes. Ide pois aprender o que significa: *É a misericórdia que eu quero, não o sacrifício*. Pois eu vim chamar, não os justos, mas os pecadores".
>
> (Mt 9,11-13)

5

Nunca é tarde demais para recomeçar

"Vá diretamente para a cadeia, não passe para o próximo nível, não receba R$ 600,00."

Isso não é exatamente uma tragédia. Então você está transitoriamente marginalizado. Não é grande coisa. Você adquiriu propriedades. Talvez tenha sorte e consiga vencer quando sair da prisão.

E se não for assim — ei, isso é um jogo!

Mas e se o "vá diretamente para a cadeia" acontecer na vida real? E se a prisão não consistir num espaço de alguns centímetros de tamanho num tabuleiro, mas num espaço real com cerca de seis metros quadrados, com um piso de cimento, paredes e grades reais?

É provável que você não tenha essa experiência. Mas há muitos outros tipos de prisões. Há prisões que construímos para nós mesmos — em nossos corpos e/ou mentes. Existem muitas delas.

Pode ser um estilo de vida autodestrutivo ou que envolva vício. Talvez um flerte com uma situação de gangue, ou até mesmo a entrada de fato em uma, porque faz com que você se sinta alguém — até que você perceba que você não é nem muito livre para ser você mesmo e nem muito livre para desligar-se disso.

Talvez a prisão seja um deserto de oportunidades frustradas e uma sucessão de fracassos. Talvez seja uma pecaminosidade repetida e genuína com a qual você tenha se acostumado inteiramente, até o dia em que você se pergunta: "Em que eu me transformei?".

E às vezes apenas nos desviamos do caminho, e então depois percebemos que se passou muito tempo desde que nos desviamos. Podemos perceber que a estrada que parecia tão legal e divertida terminava num pântano. Isso é um tipo de prisão também.

Normalmente, todas essas "prisões" vêm acompanhadas por algo que parece ser uma grande distância de Deus. Então estamos diante de uma nova versão da pergunta de Hamlet: "Ser ou não ser". Nossa questão é: "Começar de novo ou não começar de novo".

Muitas vezes é apropriado inserir um advérbio: "*Realmente* começar de novo (...)". É tentador apenas tomar uma atitude *do tipo* "começar de novo", ou fingir começar de novo, o que significa conter nosso comportamento por algum tempo, mas sem modificar tanto nossa atitude.

Alguém que precisa começar de novo é como uma lâmpada acesa numa noite de verão, cheia de insetos. Ela se torna um ímã para os demônios.

Não são os demônios de Hollywood, com garras, chifres e dentes gotejantes. Estes demônios vêm de dentro de alguém que quer mudar, ou que ao menos está considerando essa possibilidade. Talvez eles sejam inseridos ali pelo próprio demônio para impedir que a mudança ocorra. Talvez eles sejam inventados por algo que está no âmago da pessoa, algo que não pode se libertar do comportamento a ser mudado.

Eis a seguir três desses demônios, junto com algumas respostas que você poderia querer lembrar no caso de um dia precisar dizer a algum deles para onde ir. (Provavelmente você pode imaginar um lugar muito óbvio e apropriado.)

Demônio nº 1

Deus está descontente comigo; Ele tem aversão a mim.

Este demônio sórdido origina-se de nossa experiência. Quando você está chateado ou realmente irritado com alguém (seja por uma razão justa ou não), você procura evitar ficar com essa pessoa, a menos que isso seja absolutamente necessário. O inverso também é verdade quando alguém está bravo com você por alguma coisa que *você* fez.

É fácil imaginar que Deus também é assim. É fácil imaginar Deus se retirando de um local a fim de evitar olhar para você — e quando reaparece um pensamento referente a você, Deus assume uma expressão de divino desprazer e tem vontade de vomitar espiritualmente uma nuvem celestial.

Está certo. Talvez nem tanto. Mas nós imaginamos uma recepção muito formal e fria à nossa espera quando tentamos pôr as coisas em ordem novamente.

Mas Deus não age dessa forma.

Como podemos saber? Deus disse isso. Deus nos disse, em alto e bom som, como Ele opera.

Está especialmente nítido e claro em Lucas, capítulo 15, que contém três parábolas: Parábola da ovelha reencontrada; Parábola da moeda reencontrada; e Parábola do filho reencontrado (ou "O filho pródigo"). Lembre-se: trata-se de Jesus falando, e ele não narra parábolas apenas para passar o tempo, contar uma história bonitinha ou dar ao padre algo para recitar na igreja. Jesus conta parábolas porque elas dizem algo real e importante para todas as épocas.

Quando seguimos a trilha errada, cada um de nós é a ovelha perdida, a moeda perdida, o filho perdido. Você provavelmente tem familiaridade com essas parábolas. Se não, ora — o capítulo 15 do Evangelho de São Lucas é muito fácil de encontrar. Com efeito, mesmo que *tenha* familiaridade com elas, vale a pena lê-las novamente. Tente abordá-las como se as estivesse lendo pela primeira vez.

Recorde, em cada parábola, qual a pessoa que está no lugar de Deus: o pastor da ovelha, a dona da moeda, o pai do filho que recebeu sua herança antecipadamente, partiu pelo mundo afora, e dissipou-a com coisas torpes e vis.

O pastor fala em ensinar "uma boa lição" à estúpida e odiosa ovelha assim que a encontrar? A mulher anda pela casa num acesso de raiva, jurando trancafiar a #%$!@@#! da moeda assim que a encontrar, para que isso não aconteça novamente? O pai está ensaiando mentalmente o sermão que vai passar no #%$!@@#&*! do seu filho caso ele ouse mostrar a cara novamente?

Não, o pai está à porta da frente ou à janela da frente, olhando e esperando por seu filho. Ficamos com a impressão de que ele passa grande parte do dia assim, pois ele vê o filho à distância. E *então* (repare na importância da escolha do *verbo*, pois, lembre-se, o pai já é velho!) ele *corre* ao encontro do filho que retorna.

Corre?

É o filho que se vê como condenável, não o pai. O pai (que está no lugar de Deus, lembre-se) imediatamente veste o filho com ricas roupas e jóias, e realiza a maior festa que a vizinhança já havia visto.

Jesus fez uma afirmação que deve nos impressionar: *"Eu vos digo, é assim que haverá alegria no céu por um só pecador que se converta, mais do que por noventa e nove justos que não precisam de contrição"* (Lc 15,7).

E quanto às pessoas que têm uma doença real da alma, genuinamente vil e torpe? Segundo Jesus, este é precisamente o tipo de pessoa com quem ele procura estar. Confira outra vez, em Mateus 9,12-13. Veja o que está escrito ali. Eu gostaria que você fizesse isso agora mesmo. Certo, talvez demore alguns minutos. Talvez mais, caso você não saiba onde está guardada a Bíblia. Mas você consegue encontrá-la e consegue encontrar esses versículos. Por favor, leia-os.

Esses versículos não nos dão permissão para sair aprontando por aí, para transar com todo mundo, confiando que nossa história automaticamente acabará bem. Um bom final *não* é automático. Por quê? Porque pode acontecer de nos acostumarmos de tal forma a aprontar por aí que passemos a considerar isso normal e nem sequer pensemos em mudar.

O que esses versículos mostram é que Deus nunca nos diz "Cure-se e purifique-se e, então (*depois* de fazê-lo), poderemos andar juntos novamente".

Demônio nº 2

Isto simplesmente continua acontecendo...; Deus deve estar cansado e farto de me ajudar.

Seja lá o que for que continue a fazer de errado, você já chegou ao quatrocentos e noventa?

Em Mateus 18,21-22, Pedro perguntou a Jesus quantas vezes deveria perdoar uma pessoa que não parasse de pecar contra si (o próprio Pedro). Pedro não disse que tipo de coisa tinha em mente. Alguém que embaraçasse suas redes de pesca, talvez.

"Até sete vezes?", pergunta Pedro. (Nós temos a impressão de que se essa sordidez chegasse à oitava vez, Pedro poderia simplesmente sair à procura dessa pessoa.)

"Não", diz Jesus; e eu tenho certeza de que, nesse ponto, ele deliberadamente fez uma pausa de alguns segundos, talvez tenha checado o céu em busca de sinais de chuva ou outra coisa qualquer, e depois olhou para Pedro com um leve sorriso: "Setenta vezes sete vezes".

Isso significa quatrocentos e noventa.

Na realidade, é mais que isso. Para os hebreus, muitos números expressavam idéias. Um número bíblico com freqüência exprime antes uma mensagem que um cálculo estrito. O número sete significa plenitude, completude. Desse modo, "setenta vezes sete" significa "ilimitado".

Se Jesus espera esse tipo de comportamento indulgente de Pedro, de que tipo de comportamento você supõe que Deus seja capaz no que se refere ao perdão?

Demônio nº 3

É tarde demais; já se passou muito tempo.

Ninguém gosta de olhar para trás e ver oportunidades desperdiçadas, decisões estúpidas, e um depósito cheio dos fantasmas das coisas que poderiam ter sido, teriam sido, deveriam ser, mas não foram, não são e talvez jamais sejam. Uma das coisas mais dolorosas do mundo é olhar no espelho e pensar: *Se eu tivesse*; ou: *Se eu não tivesse.*

Mas esta não é a melhor maneira de encarar o futuro. Você não pode dirigir muito bem se olhar somente pelo espelho retrovisor.

Tarde demais para recomeçar? Não existe isso. Simplesmente não existe. É claro que pode haver consequências das coisas do passado que atinjam o nosso presente. Mas elas não determinam *tudo*. E elas não determinam o placar final.

No que diz respeito ao principal, não faz diferença quanto tempo ainda resta. A Bíblia diz repetidas vezes: "*Agora* é a hora da salvação". Deus não está brincando — "agora" é onde Deus vive o tempo todo.

"Agora" é a única hora sobre a qual se pode ter algum controle. Você não pode controlar o dia de ontem, assim como não pode mudar o resultado do jogo de futebol de ontem. Você muitas vezes pode aumentar as chances de algo que está agendado para o dia de amanhã ou para a próxima semana (como uma prova), mas não pode controlá-lo completamente.

Mas é agora mesmo — ao menos em termos de como você está pensando e do que está planejando, decidindo e escolhendo — que você pode controlar, às vezes muito mais do que pensa.

Se isso significa decidir parar de fazer algo a que você está muito acostumado, e você acha que não consegue lidar com isso sozinho, peça ajuda. Peça ajuda sem se sentir envergonhado por precisar de ajuda. Deus é precisamente isto: ajuda e cura.

E não se esqueça do Pai que está à porta da frente, esperando por você, e que *corre* ao seu encontro.

> Eu vos digo, é assim que haverá alegria no céu por um só pecador que se converta, mais do que por noventa e nove justos que não precisam de conversão.
>
> (Lc 15,7)

5,5

Intervalo

Leitor: Que quer dizer este intervalo?

Autor: Tradição. Acontece muito no futebol e no basquete. Você faz uma pausa, come uma pipoca, se prepara para o segundo tempo. Acho que nós temos de fazer isso aqui também. Você ainda é católico?

Leitor: Sou.

Autor: Pelo menos nos primeiros cinco capítulos o tiro não saiu pela culatra. Em todo caso, façamos uma pequena pausa e rezemos uma oração de agradecimento por termos percorrido metade do caminho. Isso é sempre importante. Depois, não sei, talvez eu leia alguns volumes de poesia do século XVIII, ou talvez componha algumas poesias do

> século XVIII, ou ainda vá jogar pingue-pongue.
> Uma escolha difícil, evidentemente.

Leitor: É, eu também acho. Por um momento eu pensei que você fosse escrever outra cena sobre Alexandre...

Autor: *Ei! Eu tinha me esquecido disso!* Grande idéia!

Samanta olhou para Alexandre com amor e desejo. Alexandre olhou para Samanta com desejo e amor. O amor e o desejo, que durante séculos têm nascido nos corações humanos imediatamente depois desses mesmos corações haverem despistado pistoleiros do crime organizado, começaram a arder com devoção, e também com amor e desejo. Os dois se inclinaram um para o outro na cabine do caminhão. O ar entre eles eletrizou-se à medida que se aproximava o beijo.

Subitamente, Samanta gritou. À frente deles, na estrada, havia dois gigantescos caminhões vindo em sua direção, ocupando as duas pistas. Os pistoleiros com certeza estavam na encosta esperando a colisão.

"Truque bobo", cacarejou Alexandre. "Em todo caso, faça uma oraçãozinha para São Cristóvão, meu doce de coco. Nós temos um pequeno acidente à frente".

Alexandre...

Leitor: Será que podemos fazer uma pausa na nossa pausa? E o que é que São Cristóvão tem a ver com o caso?

Autor: Como eu disse, Alexandre e Samanta são católicos; os santos padroeiros são uma coisa realmente católica. São Cristóvão é o protetor dos viajantes.

Leitor: Quem é o santo padroeiro dos escritores?

Autor: São Francisco de Sales.

Leitor: Converse um pouco com ele quando for escrever perseguições de automóveis e cenas de amor.

6

Ser bem-sucedido ou sofrer? Você não tem como fracassar

Permita-me apresentar-lhe alguns santos sobre os quais você pode não ter ouvido falar.

Em 546 d.C., uma jovem, mais tarde chamada de Dolorosa Letícia, tornou-se a única cristã numa tribo de pagãos adoradores de tartarugas. Sua gente não gostava nem um pouquinho disso. Tentando fazê-la abrir mão da fé cristã, forçaram-na a fazer a comida da tribo inteira sem ela mesma poder comer nada, deixando-lhe somente alguns ossos secos para lamber ocasionalmente. A não ser para desempenhar suas obrigações culinárias, ela ficava permanentemente presa numa caverna.

Ela se recusou a renunciar à sua fé e, então, por fim, eles a cozinharam em azeite.

Em 1246 d.C., uma jovem, mais tarde chamada de Santa Magnificência da Donoméia, tornou-se rainha de seu reino. Ela imediatamente deu início a um abrangente programa de educação religiosa, imensamente bem-sucedido, ensinando as verdades da fé cristã. Ela também organizou um sistema de escolas que ensinava a todos a gramática donomeense, administração e contabilidade.

A fé fortaleceu-se entre o povo, a economia floresceu, e todo o reino exaltava seu nome e a presenteava. Ela muitas vezes recebeu embaixadores em jantares solenes. Eles saboreavam vinhos finos e comiam sanduíches duplos feitos com a melhor costeleta, enquanto ela partilhava com eles a fórmula do sucesso econômico e religioso de sua nação.

Qual delas era *realmente* santa?

Está certo, elas não são santas reais. Mas você provavelmente leu e ouviu histórias que se encaixam no modelo "sofrimento *versus* sucesso". Joana D'Arc e Isabel da Hungria são dois exemplos disso. Ambas são santas reais na lista oficial.

Mas qual delas era *realmente, REALMENTE* santa?

Antes de falarmos a resposta, transportemos a questão do passado para o presente. Usaremos mais dois jovens fictícios — mas muito plausíveis — de dezoito anos.

Primeiramente, temos Tadeu. Tadeu manteve sua fé intacta e firme mesmo sob a Grande Praga da Pressão dos Amigos. Ele vai à igreja aos domingos. Permanece firme contra a idéia de agitar nas noites de sexta e sábado.

Mas ele não está nem perto do topo na lista de popularidade entre seus colegas. Ele não ganhou nenhum troféu, nem é um atleta. Na verdade, ele tem tanta familiaridade com o esporte quanto teria numa batalha espacial. Ele também não é um crânio; normalmente, o estudo de horas a fio não lhe rende uma nota lá muito alta. Ele é tímido, e sua vida social é totalmente parada.

Tadeu é um bom alvo de gozações, então ele atura muitos comentários desagradáveis sobre não se sair bem, seja na sala de aula ou na quadra, ou mesmo em particular. Ainda assim, ele continua resistindo e se mantendo fiel àquilo em que acredita, mesmo que seja difícil.

Em segundo lugar, temos Ricardo. Ele é o zagueiro do time. Isso significa uma ótima chance em diversas universidades. Ele, no geral, tira notas altas, e às vezes está entre os que tiram a nota máxima. Em sua casa há uma parede que exibe seus prêmios, com diplomas do tipo Excelente Jovem Cidadão, que ele realmente merece. Ele é sociável, popular e uma companhia divertida. Portanto, quando *ele* está sexualmente *inativo*, não há um monte de pessoas qualificando-o de esquisito por isso. Pelo menos não fazem isso na sua frente.

Ele concorreu ao conselho estudantil sênior e venceu. Fez audição para o musical de primavera e ficou em segundo lugar. Participou de um concurso literário e ficou em terceiro lugar na sua região. Nas reuniões de pais e mestres, os professores dizem coisas do tipo: "Seu filho é uma grande história de sucesso. Vocês devem se orgulhar dele".

Qual desses dois rapazes está muito mais à frente na estrada da santidade? Ou, dizendo de modo mais geral: *O que é mais santificador — sofrer ou ser bem-sucedido?*

Embora alguns santos tenham tido vidas que parecem grandes histórias de sucesso, muitos parecem ter tido uma vida terrível a maior parte do tempo. Ao menos parece ser assim, tomando-se por base suas biografias. Pode parecer que sem a dor, a perseguição, o fracasso, a enfermidade e outras coisas não-agradáveis, eles teriam sido pessoas comuns, e que o fato de terem suportado os infortúnios de suas vidas foi a principal causa de sua santidade.

Os tempos litúrgicos na igreja também podem sugerir a mesma idéia. Se alguém deseja empreender o projeto oficial de tornar-se santo, qual seria a melhor época do ano para isso?

Certo. Seria a Quaresma. A Quaresma, quando a tradição pede que se abra mão das coisas que são prazerosas e divertidas mesmo que elas não sejam pecaminosas. É costume em muitos lugares que as crianças não comam doces, as crianças mais velhas não comam sobremesas, não assistam à televisão ou não vão ao cinema. Os adultos jejuam e se abstêm de comer carne nos dias oficiais e às vezes também nos outros dias da Quaresma, ainda que não tenham de fazê-lo.

Isso pode soar como se quanto mais desconfortável você estiver, mais santo e mais próximo de Deus estará.

Pessoas bem-sucedidas parecem satisfeitas, não estão sempre sofrendo, e com freqüência parecem gostar desta droga de vida, incluindo de seus sucessos. Então, será que eles são muito menos santos que as pessoas que lidam com fracassos e sofrimentos uns atrás dos outros? E, se é assim, significa que verdadeiros cristãos devem sentir certo arrependimento e certa culpa quando algo que fazem acaba sendo muito divertido e totalmente bem-sucedido?

Não. Não quando se trata de uma coisa boa.

Imagine que você tem dois filhos e que ambos jogam futebol. O filho número um é um bom atleta, treina muito, dedica-se cem por cento e é muito bem-sucedido na maior parte do tempo dentro do campo. Conquista o aplauso e a admiração dos técnicos, dos companheiros de time, dos amigos e dos espectadores. Mesmo com tudo isso, o filho número um mantém-se uma pessoa equilibrada, não se torna convencido e não negligencia as outras áreas da vida que não estão diretamente ligadas ao futebol.

O filho número dois treina muito, dedica-se cem por cento — e simplesmente não se sai bem. Falando claramente, o filho número dois é um perna-de-pau. Algumas pessoas com línguas um tanto maldosas usam a expressão "um perigo para o time". Ainda por cima, o filho número dois é propenso a sofrer contusões, saindo freqüentemente do campo com um tornozelo deslocado ou uma distensão muscular. Contudo, ele raramente se queixa. Simplesmente continua voltando e tentando outra vez.

Você é o pai, lembre-se. Você se sentiria mais próximo de um desses filhos do que do outro? Você amaria mais a um que ao outro? Você consideraria que um deles é uma pessoa melhor que o outro?

É claro que não.

É claro que alguns outros sentimentos em relação a eles seriam diferentes. Você exultaria quando o filho número um tivesse uma vitória e ficaria triste quando o filho número dois se contundisse ou jogasse mal. Mas isso não é a mesma coisa que considerar um melhor que o outro, ou sentir-se mais próximo de um que do outro. De certo ponto de vista, você poderia dizer que o filho número dois tem uma tarefa mais árdua para enfrentar, mas isso não significa pensar que ele é uma pessoa melhor.

Em termos de santidade, o sucesso e o fracasso são como ímãs. Cada um tem um lado positivo e um lado negativo. Dependendo da sua posição neste ímã, você se aproximará de Deus ou estará se afastando Dele.

Você pode não ter escolha quanto a qual dos dois ímãs enfrentará — o sucesso ou o fracasso. Na maior parte do tempo, nossas vidas são um misto de fracassos e sucessos (pelos padrões da sociedade).

Jesus está em *ambas* as coisas. Mas nós normalmente não nos conectamos com isso; nós não vemos isso.

Ser bem-sucedido e atingir objetivos são coisas prazerosas, às vezes até mesmo divertidas. Mas quando nós as vinculamos mentalmente com Jesus, podemos nos sentir um pouco afastados dele. Porém, isso não está certo. Jesus teve muitos momentos de sucesso em sua missão.

Houve a entrada triunfal em Jerusalém: palmas sendo empunhadas, mantas (uma versão do tapete vermelho) estiradas no chão, e grandes aclamações de seu fã-clube: "Hosana ao Filho de Davi!".

Houve a ressurreição de Lázaro: "Lázaro, vem para fora" — e Lázaro *veio*, para espanto de todos.

Ele ensinou na sinagoga e a reação foi: "Ninguém jamais falou como este homem!"

Houve os milagres dos pães e dos peixes: um bocadinho de comida, um grande número de pessoas. Todas foram alimentadas e muitas pessoas passaram a acreditar nele.

O duelo no deserto: Satanás deu o máximo de si. Três tentações poderosíssimas, do tipo "vá e aproveite". Jesus permanece firme e diz a Satanás para onde ir. Placar final: Jesus 3 x 0 Satã.

A purificação do templo. Na verdade, "purificação" é um termo muito leve, muito moderado. Uma batalha final individual, física e espiritual, inspirada pelos céus. Jesus atacou a feira usurpadora que se estabelecera no Templo e reduziu-a a nada.

Jesus sentiu-se bem-sucedido. E não há razão para pensar que isso não foi bom, assim como o é para nós. Não há nada de errado nisso. A diferença entre Jesus e nós é que Jesus sempre dá crédito ao seu Pai celestial.

O fracasso e o estar por baixo são desagradáveis, e podem fazer com que nos sintamos distantes de Jesus por diversas razões. Mas Jesus está nisso também. Ele passou por muitos desses momentos.

Muitas pessoas ficaram tão furiosas com ele, tão convencidas de que ele era uma fraude, que quiseram atirá-lo de um penhasco.

As pessoas duvidavam de Jesus porque ele era de uma cidadezinha, Nazaré. Elas não acreditavam que ele tivesse muito a oferecer, pois era apenas um cara do interior, filho de um carpinteiro. Não era brilhante o suficiente. Não era bacana o suficiente. (Isso lhe parece familiar?)

Alguém que Jesus obviamente queria como discípulo e amigo ("Vinde e segui-me") recusou-se a segui-lo porque tinha em sua vida outras coisas que lhe pareciam mais importantes. Ele falou a verdade e multidões inteiras resmungaram e lhe viraram as costas.

E, no final (embora não fosse realmente o final, de modo algum), ele foi traído por alguém que havia escolhido e amado, foi horrivelmente executado em público, e sepultado. Isso não soa exatamente como uma história de sucesso.

No entanto, ela culminou na maior história de sucesso de todos os tempos — a Ressurreição. A vitória cósmica definitiva, a vitória "de virada" mais espetacular de todos os tempos.

A Ressurreição foi estabelecida por aquilo que *parecia* o fracasso derradeiro, ou ao menos a pior de todas as más interrupções. As aparências, lembre-se, podem ser extremamente enganosas.

Você fez algo maravilhoso e extremamente bem-sucedido? Parabéns. Partilhe isso com Jesus. Ele esteve lá, e está aí com você agora.

Nossa fé católica ensina de um modo misterioso e intensamente maravilhoso que não há como fracassar em nenhum dos dois caminhos. Qualquer que seja o seu caminho — dure pouco ou muito tempo —, você tem o Filho de Deus, Senhor do universo, Salvador e Messias com você, compartilhando sua experiência e preenchendo-a com sua presença.

> Aliás, nós sabemos que tudo concorre para o bem dos que amam a Deus, que são chamados segundo o seu desígnio.
>
> (Rm 8,28)

7

A Bíblia:
verdade, ficção ou o quê?

Alguns anos atrás, um pai construiu uma magnífica área de lazer para seus filhos. Havia vários balanços, desde um bem pequeno para os menores até um grande balanço suspenso por correntes de seis metros de comprimento. Havia escorregadores, um tanque de areia, um trepa-trepa, um carrossel, cabanas e um trem elétrico grande o bastante para se entrar nele e passear por todo o parque. (Eles tinham um jardim bem grande.) Havia coisas que eram boas para desenvolver os músculos, para aumentar a resistência, para aprimorar o equilíbrio, e coisas que eram boas simplesmente para se divertir.

As crianças ficaram fora por um mês, na casa da avó, a muitos quilômetros de distância, e quando voltaram para sua casa no sábado de manhã, o parque estava pronto. Seu pai estava em casa, descansando. As crianças correram para dentro de casa para dizer como tudo era espantoso, e então correram de volta para fora para brincar nos incríveis brinquedos.

Os problemas começaram na manhã de domingo. O pai ouviu as crianças discutindo.

"O papai fez todos estes brinquedos com árvores que ele teve de cortar primeiro."

"Não, ele não fez. Como ele conseguiria fazer isto apenas em um mês?"

"É porque ele é o papai. O papai pode fazer tudo."

O pai sorriu um pouco, mas seu sorriso murchou quando ele viu que a discussão se tornava séria.

"Eu vi caixas no porão. As partes de todas estas coisas provavelmente estavam dentro delas. Eu acho que o papai comprou tudo num kit e depois montou."

"É mentira! Como é que você pode dizer isso do papai?!"

"O que há de errado em montar os brinquedos a partir de um kit?"

"Isto estraga tudo!"

"Vocês dois estão errados", disse outro filho. "Vocês dois são bobos! O papai fez tudo do nada. Ele até plantou as árvores, que depois derrubou para fazer as tábuas para fazer os brinquedos. Ele fez um pouquinho de cada vez, e escondeu as partes até que elas estivessem prontas para montar os brinquedos."

Os outros dois encararam o terceiro. "Isto é um absurdo! Você está errado, seu bobo!", disse um deles.

"Você vai ver quando o papai descobrir as coisas que você está dizendo!", acrescentou o outro. "Ele vai proibir você de brincar aqui!"

"Por quê?"

"Porque o que você está dizendo sobre como ele construiu os brinquedos está errado, é por isso! Ele vai pôr você de castigo porque você está errado."

"Eu não estou errado — *você* está! O papai vai ficar bravo com *você*!"

Outros filhos entraram na discussão sobre como os brinquedos haviam sido feitos. Um deles tentou dizer que talvez isto não tivesse nenhuma importância, mas os outros o acusaram de não se interessar em acreditar em nada.

O pai estava triste. Ele havia construído os brinquedos para que seus filhos se divertissem. Agora eles estavam tão ocupados discutindo como ele os havia construído que não tinham tempo para ver como tudo aquilo era maravilhoso e bonito.

De modo ainda mais trágico, eles não haviam entendido o principal objetivo de todo o projeto. Ele havia feito aquilo para mostrar seu amor por eles, para lhes oferecer um lugar do qual poderiam desfrutar juntos, no qual poderiam construir uma família de amor.

O pai inclinou-se à janela e disse (bem alto e um pouco impaciente): "Crianças! Não se esqueçam do principal, por favor, que é o fato de que eu amo vocês".

Mas eles estavam discutindo alto demais para ouvi-lo.

"O papai demorou semanas para construir isto, e ele provavelmente foi ajudado por um grupo de pessoas. Ele gosta que as pessoas o ajudem a fazer as coisas."

"Como você pode dizer isso do papai?!"

"Como você é bobo!"

"Como você pode ser tão burro?"

"O papai vai brigar com você!"

"O papai vai brigar com *você*!"

As crianças sabiam, além de tudo isso, que o pai havia construído os brinquedos. Elas até concordavam em que ele o fizera por amor. Mas eles perdiam o seu tempo discutindo *como* ele havia feito.

Seriam elas crianças burras?

Bem, será que *nós* somos crianças burras? Alguns de nós perdem muito tempo discutindo coisas similares. Você provavelmente já adivinhou que essa é uma parábola moderna sobre as pessoas que discutem a respeito das histórias concernentes à criação que estão no Gênesis. As histórias da criação suscitam muitas polêmicas, mas não são as únicas. Muitas outras histórias bíblicas suscitam também.

Você poderia colocá-las sob o título "Todas aquelas velhas coisas que estão na Bíblia". E a questão é: "Aquelas coisas aconteceram realmente daquela maneira?" ou "Como poderia ter acontecido daquela maneira, especialmente levando-se em consideração que nada assim acontece hoje em dia?".

Nosso exemplo das crianças discutindo a respeito dos brinquedos não é perfeito. Mas tenta mostrar que não tem sentido discutir a respeito das origens de uma dádiva (o universo) chegando a ponto de ignorar aquele que a ofereceu (Deus) e fazendo acusações indecorosas contra irmãos e irmãs (pessoas que interpretam a Bíblia de modo diferente) e até considerando-os "o inimigo"!

Mas a Bíblia não é uma coisa comum; ela fala sobre coisas mais importantes que um parque de diversões. A menos que tenhamos decidido que a Bíblia não veio realmente de Deus, e que é somente mais um livro antigo (e eu espero que vocês não pensem assim), devemos desejar saber aquilo que ela realmente diz e significa.

Mas, apenas por um momento, deixemos de lado a Bíblia e seu autor, Deus (logo voltaremos a este assunto), e falemos sobre Ray Bradbury. Autor prolífico, Ray Bradbury escreveu, literalmente, centenas de obras, desde ensaios científicos até peças e romances. Ele se locomove facilmente entre os papéis de romancista, dramaturgo, poeta, cientista, filósofo, contador de histórias, pensador e professor — e desempenha todos muito bem.

Desse modo, é legítimo imaginar um fã de Ray Bradbury. Vamos chamá-lo de José. José lê Bradbury o tempo todo. Com efeito, algumas semanas atrás ele comprou *as Obras Completas de Ray Bradbury*, uma pequena biblioteca em vários volumes.

Na semana passada, José leu uma coletânea de ensaios científicos de Bradbury, e agora ele acaba de ler o romance *Algo sinistro vem por aí.*

"Eu me pergunto como era realmente o sr. Dark", disse José a um amigo. "E me pergunto de onde ele veio de fato."

"Espere um pouco", diz o amigo de José. "Esta não é a questão. O sr. Dark é um personagem na história."

"Bem, de certa forma, é claro. Mas ele é real", diz José.

"O sr. Dark é um personagem que representa o demônio", diz o amigo de José. "O livro é uma parábola sobre o poder do amor ser mais forte que o poder do mal. Você não se lembra da cena em que o pai de Jim Nightshade..."

"É claro que eu me lembro. Aconteceu no carnaval. Foi isso que quebrou o poder do mal. Eu queria ter estado lá."

"Mas José, de certa forma, você *está* lá todas as vezes que alguém vence o ódio com o amor."

"Mas eu quero dizer a *primeira* vez, quando o Jim Nightshade *real*..."

"Jim Nightshade é um personagem fictício numa história fictícia, José."

José empalideceu, e seu rosto tinha uma expressão quase de horror. "Você quer dizer", diz ele, *"que não é uma história verdadeira?"*

"Bem, não é como um acontecimento histórico. Não é como o relato de uma batalha da Segunda Guerra Mundial, ou algo assim."

"*Não é?!*"

"Não. Nem sequer pretende ser."

José fica realmente bravo. "Eu acho que você está mentido!", ele reclama para o amigo. Então sai para falar com outro amigo que também lê Bradbury.

"Você leu *Algo sinistro vem por aí?*", pergunta José ao segundo amigo.

"Li. Mas é só uma velha história. Quero dizer, é legal, eu acho, mas não é uma das minhas favoritas. Eu não acho que tenha muita importância."

"Você tem certeza?", pergunta José. "Você tem certeza de que a história não aconteceu exatamente da maneira como é contada no livro?"

"Estou lhe dizendo, meu amigo ... é só uma história. O título vem de uma frase de Shakespeare."

"Você quer dizer que Bradbury nem mesmo criou o título?"

"Não."

"Então não tem sentido ler o livro!", diz José tristemente.

"Bem, não se você quer descobrir algo real", responde o amigo. "Por outro lado, algumas das obras científicas de Bradbury são muito boas."

José ficou lá parado, com um olhar pasmado e vazio. "Não", disse ele com voz abafada. "Por que ler algo que Bradbury escreveu, se não é verdade, se ele mentiu?"

"Eu não diria exatamente que ele mentiu."

"Grande diferença. Se ele inventou uma parte, talvez tenha inventado tudo. Talvez *nada* do ele escreva seja verdade. Talvez *nada* do que ele escreveu valha alguma coisa."

José foi caminhando a passos lentos até sua casa, para tirar as *Obras Completas de Ray Bradbury* das prateleiras de seu quarto, enfiá-las em caixas de papelão e guardá-las na garagem. Ele não tinha certeza de se queria mantê-las ou se as venderia quando a família vendesse coisas usadas.

Trágico. E tudo porque ele acreditara que *Algo sinistro vem por aí* era um registro fiel de fatos históricos que haviam ocorrido exatamente como estava estabelecido nas páginas do livro. Quando essa crença foi abalada, ele abandonou a idéia de que uma história não estritamente histórica poderia conter verdades, poderia ser valiosa, significativa, importante. E então ele desistiu de toda a coleção e também do autor.

Espere até que ele leia Shakespeare e alguém lhe diga que Hamlet não foi um príncipe da Dinamarca, e que Macbeth não tomou a Escócia.

O fato de as pessoas desistirem de toda a obra de um autor é muito *mais* trágico quando o autor é Deus e a obra é a Bíblia. Mas isso acontece muito quando alguém pensa que a verdade se limita apenas a fatos históricos estritos.

Começa com algo como: "Quer dizer que não havia realmente uma serpente falante no Jardim do Éden?". Depois, se a pessoa se convence de que não havia literalmente uma serpente falante, *tudo* na Bíblia — tudo, desde o Gênesis até o Apocalipse — é lançado numa pilha chamada "Coisas velhas que não são verdadeiras e que não significam nada". Em outras palavras, acontece quando as pessoas vêem Deus e seus escritos do modo como José via Ray Bradbury e seus escritos.

Sua fé permanece ou acaba dependendo da veracidade do fato de que exatamente sete casais de cada espécie pura e um casal de cada espécie impura do reino animal estivessem a bordo da arca, como é citado em Gênesis 7,2; ou dependendo de ser verdade ou não que as rãs, em Êxodo 8,3, realmente invadiram a cama do faraó; dependendo de se a muralha de Jericó caiu instantaneamente quando os israelitas tocaram suas trombetas na sétima volta em torno da cidade no sétimo dia, como está escrito em Josué 6,20.

Esses eventos poderiam ter acontecido exatamente como está registrado? É claro que sim. Lembre-se: trata-se de Deus. Quando Deus está no comando, tudo, exceto o mal, é possível. Deus poderia ter infundido conhecimento veterinário em Noé e seus filhos Sem, Cam e Jafé, e em suas esposas, para que pudessem cuidar dos animais doentes que estivessem na arca.

Teriam "todas essas coisas da Bíblia" acontecido exatamente como são descritas? O que os estudiosos católicos da Bíblia dizem a respeito?

Se você quer a conclusão, tem de prometer ler o que vem depois. A conclusão é: algumas coisas aconteceram exatamente como são descritas, e outras, não.

Algumas pessoas consideram essa resposta muito insatisfatória. Mas parece que Deus decidiu escrever de muitas maneiras diferentes.

Com efeito, Deus decidiu escrever por intermédio de pessoas reais, que escreviam de muitas maneiras diferentes, porque viviam em épocas diferentes, em circunstâncias diferentes, em culturas diferentes, e, às vezes, separadas no tempo por séculos de distância.

Quando Deus decidiu usá-las como escritores inspirados, não arrancou suas mentes da época em que viviam e os modelou num molde de clonagem literária para que todos escrevessem segundo um mesmo estilo. Essas pessoas escreveram da forma como foram acostumadas a escrever em sua época, e não é preciso muito estudo de literatura para perceber que os estilos de escrita se modificam de uma época para outra. Deus não alterou isso. O que ele fez foi *inspirar seus escritos para assegurar a verdade religiosa daquilo que escreveram.*

Desse modo, a Bíblia é *uma pequena biblioteca de muitos estilos diferentes de escrita*. Alguns são absolutamente históricos. Alguns têm caráter de ficção. Alguns são metafóricos. Há neles muitos matizes e variações.

Mas qual é qual? Com freqüência precisamos da ajuda de especialistas na Bíblia para descobrir. O que é importante, acima de tudo (e, contudo, isso é freqüentemente esquecido!), é que é *Deus falando*! Há, em cada uma das partes da Bíblia, uma verdade que Deus quer nos comunicar.

Sejam as rãs zoologicamente reais em Êxodo 8,3, ou seja isso certo exagero na narração, sejam elas animadas ou não — nada disso afeta a verdade da história. Ela continua sendo a mesma, de qualquer maneira: quando Deus decide libertar o povo, não é uma boa idéia entrar no seu caminho. Deus está no comando; é *esta* a verdade. Isso era verdade na época do Êxodo, e é verdade hoje.

Se o fruto que Adão e Eva mastigaram era uma maçã, uma pêra ou um kiwi, ou ainda um símbolo literário, não importa. O que *realmente* importa é que alguma coisa muito errada era "sedutora de se olhar" (Gn 3,6). *Eis aí* a mensagem! O mal pode parecer bom, o mal pode parecer divertido, o mal pode (com o auxílio de algum tipo de "serpente") ser descrito, de modo bem persuasivo, como uma coisa sensata a se fazer!

Eis a mensagem! Se discutirmos sobre quão histórico era o pedaço de fruta e perdermos a mensagem da história da fruta, então somos exatamente iguais às crianças que discutem sobre os brinquedos em nosso exemplo inicial.

A abordagem católica da Bíblia reconhece dois fatores-chave: (1) Em tudo, Deus está nos dizendo algo eternamente verdadeiro sobre a salvação; (2) Deus deixou os escritores humanos da Bíblia livres para usar os tipos de escrita que se adequavam à época e à cultura em que viviam. Isso às vezes nos apresenta alguns enigmas, já que não somos familiarizados com todas aquelas épocas e culturas. Mas nem sempre: quando Paulo diz aos colossenses: "Não haja mais mentiras entre vós" (Cl 3,9), você não precisa de uma universidade cheia de especialistas em Bíblia para o ajudarem a entender a moral da história.

Quando você encontrar uma passagem enigmática, lembre-se de que enigmas são muitas vezes divertidos, especialmente quando a solução é algo sobre a própria vida na terra — e a vida *após* a terra, que vai ser consideravelmente mais longa.

> Toda a Escritura é inspirada por Deus e útil para ensinar, refutar, corrigir, educar na justiça, a fim de que o homem de Deus seja perfeito, qualificado para qualquer obra boa
>
> (2Tm 3,16-17)

8

Um arco-íris de estilos de missas

Alguns dias atrás, eu estava ouvindo uma música da década de 1970 que falava sobre navegar. Certo, estou revelando a minha idade, mas não tenho problema com essa coisa de idade. Não me envergonho de admitir que tenho quase trinta e cinco. (Ei, isso é verdade! Em comparação com a história de zilhões de anos do universo, *cinqüenta e sete é quase trinta e cinco!*)

De repente me ocorreu que o verbo "navegar" tem hoje um sentido muito mais amplo do que tinha na época em que a música foi feita. O verbo ainda pode significar viajar sobre a água num veículo apropriado, mas a forma de navegação mais comum atualmente é feita com um "mouse" na mão e um monitor de computador à frente.

Tenho certeza de que "navegar pela liturgia" não é o que Jesus tinha em mente quando nos deu a Eucaristia; mas se você *pudesse* "navegar" pela liturgia de uma paróquia e/ou missa para outra, você encontraria uma verdadeira variedade de estilos e atmosferas.

Você vai à Igreja de São _____, e a atmosfera diante da missa é a do mais solene silêncio. As pessoas param de falar assim que passam do vestíbulo, a não ser por alguns raros e silenciosos cochichos. Quase todos estão muito arrumados, e muitas mulheres usam véus sobre a cabeça.

Então você vai à Igreja de São _____, e as pessoas estão vestidas de modo informal. Elas conversam descontraidamente antes do início da missa, e algumas criancinhas brincam com blocos de construir no espaço entre dois bancos, antes do hino de abertura.

Na Igreja de Nossa Senhora de _____, a música é providenciada pela Sra. Elvira, que toca órgão lá desde antes da época de Elvis. Os hinos são vagarosos (uma média de dez notas por minuto), têm frases estranhas com palavras que você nunca ouviu, e foram compostos por pessoas cujas vozes alcançam dez notas a mais que a voz das pessoas comuns.

Na Igreja de Nossa Senhora _____, a música é proporcionada por um grupo de catorze pessoas, e inclui teclado, piano, baixo, guitarras, flauta, violino, tambores, pratos e outros instrumentos de percussão, e às vezes trompete, trombone e algumas outras coisas cujos nomes você nem sabe.

🕂10 UM ARCO-ÍRIS DE ESTILOS DE MISSAS

Na Igreja de São _____, o cumprimento da paz dura cerca de cinco minutos, porque todos saem de seus lugares para abraçar os outros num raio de dez metros, e às vezes até o meio do caminho para o outro lado da igreja.

Na Igreja de São _____, você recebe um aperto de mão de "zero vírgula oito segundos" da pessoa que está imediatamente ao seu lado ou à sua frente, mas com freqüência tem a impressão de que eles suspeitam que você tem alguma doença contagiosa.

Na Igreja de São _____, o hino de encerramento é seguido de entusiásticos aplausos, que aparentemente significam: "Isto foi divertido!", enquanto as pessoas montam mesas com biscoitos, bolo e café, para uma reunião social pós-liturgia.

Será que alguma dessas missas é do jeito que a liturgia *deve* ser?

Tentemos fazer uma pergunta similar num contexto diferente.

Meu filho dirige um Honda azul; minha filha dirige um Honda branco. Minha esposa dirige um Taurus verde, meu amigo Antonio dirige uma 4x4 vermelha, meu vizinho Bruno dirige um Escort azul, e eu, bem, eu sonho com o dia em que terei outro Mustang, de preferência vermelho, exatamente igual ao que eu tinha na época em que o grupo de Rock da década de 1970, que cantava aquela música sobre navegar, nem sequer pensava na meia-idade.

Será que um desses carros é do jeito que um carro deve ser? Provavelmente não. Se todos os carros de nossa família quebrarem, e nós quatro tomarmos emprestada a 4x4 de Antonio para fazer uma viagem de férias de mais de cinco quilômetros ou cinco minutos, não será muito divertido chegar lá.

Mas todos os carros têm quatro rodas e se movem pelas estradas. Há estilos diferentes para diferentes situações e necessidades.

Com a missa não é exatamente assim, mas há algumas similaridades.

O mesmo evento, a mesma realidade acontece em todas as missas. Ouvimos a mensagem que Deus nos enviou na Liturgia da Palavra. Na Liturgia da Eucaristia, o pão e o vinho realmente se tornam o corpo e o sangue de Jesus, que oferecemos ao Pai como a dádiva perfeita e, então, recebemos de volta como alimento espiritual.

Mas os estilos, a sensação ("ambientação" é uma ótima palavra para esta situação; utilize-se dela para impressionar seu professor de português), podem ser muito diferentes. Muitas pessoas têm preferência maior por um estilo que por outro, particularmente no que diz respeito a música.

Seria ótimo agradar a todos de todas as maneiras — e na mesma paróquia. Só por diversão, venha à paróquia imaginária de São Calíope, no subúrbio de Utopia. São Calíope se descreve como "uma paróquia católica completa que agrada a todos os gostos litúrgicos". Eis a seguir o esquema das missas conforme descrito no boletim da igreja:

7h30. Missa Latina — uma Missa Cantata clássica, com muitos daqueles velhos e adoráveis hinos latinos. As senhoras devem usar véus. Os senhores, por obséquio, devem usar paletó e gravata. Não deve haver conversas dentro da nave da igreja.

9h00. Missa Estrondosa — música providenciada pelos Menestréis de Stockwood. No próximo domingo, aprenda um grande hino de abertura: "Protestamos contra o pecado e o egoísmo!" Padre Ricardo estará usando sua mais nova casula colorida!

10h30. Missa Legal — especialmente elaborada para nossos devotos adolescentes e jovens. Hino de abertura no estilo *rap*, hino de apresentação em *metal*, hino de comunhão em estilo *pop*, hino de encerramento em *rock* tradicional.

12h00. Missa Suave — venha e aproveite uma atmosfera relaxante e de elevação religiosa. Cante melodias que lhe são familiares, que você conhece e ama. No próximo mês, apresentaremos as favoritas da música religiosa, com Andy Williams.

13h30. Missa Alternativa Pós-moderna — se você não tem certeza do que isso significa, deve comparecer à missa num horário diferente! Contudo, o provável significado da letra do hino será traduzido no mais próximo português possível para aqueles que se sentirem culturalmente desafiados.

ESPECIAL: No primeiro sábado de cada mês, às 5h00 — nossa Missa dos Anos Dourados! Venha e louve ao Senhor com o maravilhoso som que marcou o nascimento do *rock-'n'-roll*.

Que pena! Não existe a Igreja de São Calíope. Bem, *talvez* seja uma pena. Tenho certeza absoluta de que algumas pessoas diriam: "Graças a Deus não existe essa Igreja de São Calíope!".

Mas se existisse, Deus gostaria de uma dessas missas mais que das outras? Será que Deus pensaria: *"Se eles todos simplesmente fossem sensatos e percebessem que ESTE é o modo como eu gosto de ser cultuado e louvado"*?

Por outro lado, e se Deus tivesse uma indigestão divina em relação a uma daquelas missas e pensasse: *"Talvez a intenção seja boa, mas este estilo de liturgia é como colocar mostarda picante no bolo de chocolate"*?

Provavelmente não.

Se a pessoa que está no órgão toca Bach ou blues, música clássica ou sertaneja, Deus estará olhando dentro dos corações das pessoas ali presentes. Estarão seus corações e mentes elevando-se para Deus, louvando-o e dando graças, estarão ocupados com talões de cheques, posição social ou planos referentes ao que farão assim que saírem da igreja?

É o que está dentro que conta, como indicou Jesus. Desse ponto de vista, o tipo de música não é mais importante que a cor dos bancos da igreja. Falamos de "música sacra" e "música laica", mas no que diz respeito à música em si mesma, trata-se mais de uma questão de cultura e de preferência que de catecismo e fé.

Já a letra é uma questão muito diferente. A letra pode ser inspiradora, estúpida, insípida, chata, inteligente, poética ou muitas outras coisas. Mas a música é constituída simplesmente de ondas sonoras. De alguns tipos você gosta; de outros, não. O que parece "sagrado" numa cultura pode parecer extremamente irreverente ou insuportavelmente enfadonho em outra. E a cultura pode ser criada tanto pela idade, pela experiência, pelo contexto e pelos interesses, como pelas diferenças na geografia global.

Mas a música e o sentimento geral da liturgia *são* importantes de outro ponto de vista. "Que alegria quando me disseram: 'Vamos à casa do Senhor!'", diz o primeiro verso do Salmo 122. É bem verdade que o principal propósito de cultuar a Deus *não* é se divertir. Mas chamamos a Eucaristia de nossa "celebração" e, portanto, ela deve se parecer com uma celebração.

Em todo caso, uma liturgia como a da "Missa Legal" da Igreja de São Calíope seria uma boa idéia? Poderia ser. Mas isso depende; não é automático.

Digamos que o padre Silvio anuncie aos jovens da paróquia: "Pelo menos uma vez por mês contrataremos músicos especiais e teremos — uhu — música 'de verdade' na missa".

Isso é ótimo — a menos que divida a jovem comunidade católica quanto à questão de se os músicos devem executar uma versão cristã do Metallica ou uma versão cristã de Celine Dion. Não é por serem jovens que todos gostam do mesmo tipo de música. (O mesmo pode ser dito de nós, digamos, pessoas com *mais experiência*. Por exemplo, além dos Beach Boys e do Elvis, eu também gosto bastante do Metallica.)

E isso é ótimo, a menos que se transforme num caso em que *os detalhes do evento se tornem mais importantes que a pessoa que é nele homenageada*. Algo do tipo:

Imaginemos que os apóstolos estivessem planejando oferecer uma festa de aniversário para Jesus. Eles queriam garantir que o maior número possível de discípulos comparecessem e tivessem uma formidável experiência celebrando Jesus.

Assim, Pedro e André saíram sorrateiramente à noite para fazer uma pescaria no intuito de ganhar um dinheiro extra para alugar um salão chique e pomposo. Mateus fez um empréstimo a juros baixos com um amigo coletor de impostos para comprar toneladas de quitutes refinados. Filipe e Tomé fizeram trabalhos extras nas horas vagas para juntar dinheiro para contratar a melhor banda de Cafarnaum. João, que tinha a melhor caligrafia, enviou convites personalizados em caligrafia hebraica, feitos do melhor pergaminho. Todos eles trabalharam juntos para tornar a celebração inesquecível.

Chegou o dia... e que celebração! Pedro e André olharam em seu redor e disseram um para o outro: "Cara, isto faz toda aquela pescaria noturna valer a pena!". Mateus e Simão serviram os quitutes e todos comentaram que eram muito mais gostosos que a comida que se oferecia normalmente. Maria Madalena, Nicodemo e a cunhada de Pedro não se cansaram de elogiar a criativa decoração, cumprimentando Tiago e Bartolomeu, responsáveis por sua preparação.

Todos estavam entusiasmados com a banda: dois trompetes, quatro adufes, cinco liras e uma moderníssima harpa de doze cordas — uma coisa grandiosa e cara, com a marca do Rei Davi no alto da moldura. A música era fabulosa e a banda conhecia os pedidos de todos. Foi um acontecimento espetacular.

Há somente um problema.

A maioria das pessoas se esqueceu totalmente de Jesus!

Eles estavam tão entretidos apreciando as *coisas* providenciadas para celebrar Jesus que não se lembraram *de Jesus além das coisas*!

Isso pode acontecer numa Missa que seja planejada e projetada especialmente para ser atraente e excitante. É possível que se fique tão envolvido no *estilo* da celebração a ponto de não prestar muita atenção em *quem* estamos celebrando.

Há muitos estilos de liturgia — um arco-íris de estilos de missas. Nenhum deles é *o* estilo "correto", e nenhum deles irá satisfazer plenamente as expectativas e as preferências de todos.

Se você gostaria de ter alguns estilos litúrgicos diferentes na paróquia que freqüenta — por exemplo, no que se refere à música —, isso exigiria algum esforço da parte de muitas pessoas, e você precisaria ser uma delas. Reúna algumas pessoas, esboce alguns projetos e vá conversar com as pessoas encarregadas. Algumas vezes, com certeza, você vai deparar com uma muralha de concreto, mas às vezes é surpreendente o que pode acontecer se você simplesmente pedir com franqueza.

Neste meio tempo, Jesus não deixa de ser Jesus só porque os apóstolos não têm condições de pagar a melhor banda de Cafernaum. Jesus também não deixa de ser Jesus só porque sua paróquia não quer fazer ou não faz algo do tipo.

Jesus ainda é seu salvador, seu amigo, mesmo que você tenha de tolerar nos hinos alguns versos com palavras incompreensíveis. Ele pediu para ser lembrado na Eucaristia. Talvez a "atmosfera" da missa pareça eletricidade pulsante e talvez pareça papelão mole. Em todo caso, é por Jesus que estamos ali, e precisamos honrar o seu pedido.

> Há não sei quantas espécies de palavras no mundo, e nenhuma carece de significação. [...] O mesmo se dá convosco: Procurai ser inspirados, e o mais possível, já que isso vos atrai; mas que seja para a edificação da assembléia [Igreja].
>
> (1Cor 14,10.12)

9
Antigas palavras para a mãe mais legal do mundo

Querida mamãe, eu ti amo muinto, vossê é ua ótima mãe e tambéim eu ti amo

ass. Brian

Querida mamãe,

Eu só queria que você soubesse que eu fiquei *muuuuuito* contente com aquela ótima conversa que tivemos ontem à noite. Nem dá pra dizer como é bom contar pra você o que está acontecendo na minha vida. Você é a melhor mãe do mundo — *e minha melhor amiga*!! Obrigada de novo.

Com amor, Stephanie

Querida mamãe,

É difícil escrever esta carta, pois não sei o que você vai pensar. Eu sei que você sempre quis ter orgulho de mim e, quando entrei na faculdade, eu também queria que você se orgulhasse de mim. Bem, acho que eu realmente preciso de alguma ajuda agora, porque...

As mães recebem todos os tipos de cartas e têm muitas conversas ao desempenhar suas tarefas, e com Maria não é diferente. Ela não recebe exatamente cartas. Todos nós sabemos que os Correios não saberiam o que fazer com um envelope endereçado a "Maria / Jardim Celestial / Céu/ 10000-000". Mas ela de fato recebe orações, às vezes cantadas, às vezes faladas ou sussurradas, outras vezes só pensadas.

Sendo Maria uma mãe — a melhor de todas — não há nada de errado com uma oração a Maria que use palavras "de um filho para uma mãe". ("Mãe, sendo você a mãe mais legal que é, será que você pode me ajudar com...?") Não importa nossa idade, seremos sempre filhos de Maria e sempre precisaremos de sua ajuda.

Mas também é bom conhecer e rezar as antigas orações a Maria que nossa Tradição nos transmitiu. Pode ser divertido usar palavras e expressões que remontam a séculos atrás. Elas não são decrépitas só porque são velhas e porque milhões de pessoas as usaram.

De vez em quando, precisamos dar uma nova olhada nelas. A familiaridade, combinada com um estilo de linguagem mais antigo, pode nos impedir de prestar atenção ao significado dessas maravilhosas orações. Vamos desenterrá-las e ver se podemos torná-las novas para nós outra vez.

A Ave-Maria

Até mesmo os seriados de TV fazem piada do diálogo entre pais e filhos que começa com algo como "Você é muito legal!", seguido de "Aliás, eu precisava..." Certamente, às vezes isso soa falso e artificial, mas nem sempre é uma fórmula ruim. Diplomatas, homens de negócios, políticos, amigos — de fato, quase todos — usam essa fórmula há séculos. Ela só é falsa e errada quando é usada como uma forma de manipular alguém — quando a primeira parte da fórmula é apenas uma bajulação vazia, uma mera tentativa de obter algo da outra pessoa.

Porém, quando é sincera, essa mensagem dupla é maravilhosa. Nós respeitosamente reconhecemos e genuinamente admiramos a pessoa a quem nos dirigimos, e então, humildemente, expomos nossa necessidade de auxílio. Isso não é errado. Na verdade, é até um cumprimento. E é também a própria estrutura de uma das mais antigas orações a Maria, a *Ave-Maria*.

Em Wind beneath my wings [O vento por entre minhas asas], Bette Midler canta para um herói em sua vida. Nós *precisamos* de heróis, pessoas que são um de nós mas que se sobressaem porque fizeram coisas importantes. A primeira parte da Ave-Maria é uma oportunidade de reconhecer um herói. Ela é composta de duas saudações a Maria: as palavras do anjo Gabriel (Lc 1,28) e as palavras da prima de Maria, Isabel (Lc 1,42).

A segunda parte, o pedido, não é um pedido juvenil por jogos e benefícios. Pede simplesmente que Maria ore por nós. Quando nós realmente nos atemos ao sentido daquelas palavras, admitimos que não podemos fazer isso sozinhos, não queremos tentar e que gostaríamos que a mãe mais sábia e poderosa do mundo olhasse por nós.

O Ângelus

Imagine uma pesada corda pendurada à sua frente. Dê nela um forte puxão e depois faça uma pausa. Dê um segundo puxão e faça uma pausa. Dê então um terceiro puxão. Agora dê nove fortes puxões, de modo alegre. Se você é capaz de fazer isso, está qualificado para ser um badalador de sinos de igreja, e acabou de soar o sino exatamente de acordo com o padrão usado para acompanhar o Ângelus.

O nome Ângelus vem da primeira palavra da versão latina desta antiga oração, que é rezada às seis da manhã, ao meio-dia e às seis da tarde. O repicar dos sinos do Ângelus costumava ser como um relógio do povoado. A oração em si possui muitas partes, que correspondem aos toques do sino.

Ao som do primeiro sino, vêm as palavras: *"O anjo do Senhor anunciou a Maria / E ela concebeu do Espírito Santo"*. Há então uma pausa para se rezar a Ave-Maria.

Esse mesmo padrão é repetido mais duas vezes, com as palavras: *"Eis aqui a serva do Senhor / Faça-se em mim segundo a vossa palavra"*; e depois: *"Rogai por nós, Santa Mãe de Deus / Para que sejamos dignos das promessas de Cristo"*.

Agora é a hora dos nove alegres puxões na corda do sino, enquanto rezamos: *"Infundi, Senhor, em nossos corações a vossa graça, a fim de que, conhecendo pela anunciação do Anjo a encarnação de Jesus Cristo, vosso Filho, cheguemos pela sua paixão e morte à glória da ressurreição. Pelo mesmo Cristo, nosso Senhor. Amém"*.

Que fique bem claro, esta *não* é uma frase da qual você quer fazer uma análise sintática. Você terá de se esforçar um pouco para apreender o sentido dessas palavras, mas vale a pena. Leia novamente a oração e tente envolver sua mente em seu significado. O que ela diz é simplesmente glorioso.

O Ângelus celebra a inacreditável e maravilhosa quase-loucura de um Deus que tem tanto amor por nós que *se tornou um de nós, morreu por nós, ressuscitou para uma nova vida e nos leva junto com ele*! Isso é absoluta e maravilhosamente radical! Estamos tão acostumados a ouvir isso que parece fazer muito sentido, mas não faz. Só faz "sentido" segundo a compreensão de que alguém que ama desesperadamente fará loucuras em nome desse amor.

Você tem de pensar um pouco nisto, mas o Ângelus não é tão difícil de memorizar. Se você memorizá-lo e ouvir um sino do Ângelus badalando, ou se você apenas notar que já é quase meio-dia ou um dos outros horários do Ângelus, pare um minuto para celebrar em oração o maravilhosamente louco amor redentor de Deus.

O *Memorare*

Mais uma vez o nome vem da primeira palavra da versão latina. Significa "lembrar", "trazer à memória".

Lembrai-vos, ó piíssima Virgem Maria, de que nunca se ouviu dizer que algum daqueles que têm recorrido à vossa proteção, implorado a vossa assistência e reclamado o vosso socorro, fosse por vós desamparado. Animado, pois, com igual confiança, a vós, ó Virgem entre todas singular, como a Mãe recorro, de vós me valho e, gemendo sob o peso de meus pecados, me prostro a vossos pés. Não desprezeis minhas súplicas, ó Mãe do Verbo de Deus humanado, mas dignai-vos de as ouvir propícia e de me alcançar o que vos rogo. Amém.

Muitas palavras podem ser estranhas. "Recorrer" significa "apelar a", "buscar auxílio". "Reclamar" significa "pedir", "implorar". "Propícia" significa "favorável", "que tende a ajudar".

"O verbo humanado" refere-se a Jesus, e "não desprezeis minhas súplicas" é uma maneira antiquada de dizer: "eu preciso de você, por favor não me deixe na mão". Mais uma vez, buscamos nossa Mãe num momento de necessidade e dizemos: "Você nunca decepciona a mim nem a ninguém. Por favor, me ajude novamente. Conto com você".

Se a idéia de estar desamparado é perturbadora, e se a idéia de ser pecador parece estranha, então *somos nós* — não as palavras da oração — que estamos distantes da realidade. A realidade é que nós freqüentemente estamos desamparados e somos pecadores (o que significa que também devemos estar pesarosos).

Isso não significa que isto é *tudo* o que somos. Não significa que, no principal, somos apenas montes de coisas repugnantes. Nós estamos desamparados em algumas áreas, e somos capazes em outras; somos pecadores de algumas maneiras, e maravilhosos de outras. *Esta* é a realidade.

O *Memorare* reflete essa realidade. Com freqüência cometemos erros e/ou nos encontramos em situações com as quais não podemos lidar sozinhos, nem mesmo com a ajuda da família e dos amigos aqui na terra. Nesses momentos é realmente bom ter uma mãe tão boa no céu para nos ajudar.

É divertido criar coisas absolutamente novas. Mas também é divertido fazer parte de tradições que remontam a séculos. Isso dá a você um sentimento de estar enraizado, de estar sobre um terreno sólido e testado pelo tempo. Essas antigas orações a Maria podem lhe trazer esse sentimento. E é um sentimento ainda melhor saber que Maria, sem sombra de dúvida, está ouvindo.

> Quanto a Maria, ela retinha todos esses acontecimentos procurando-lhes o sentido.
>
> (Lc 2,19)

10

Um baú de tradições católicas

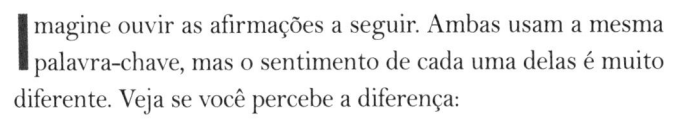

Imagine ouvir as afirmações a seguir. Ambas usam a mesma palavra-chave, mas o sentimento de cada uma delas é muito diferente. Veja se você percebe a diferença:

(1) "Você deve estar brincando — quero dizer, isto é muito *antigo*!"

(2) "Uau! Olhe só para isso — é realmente *antigo*!"

Você provavelmente percebeu a diferença, mas, só para garantir, vamos acrescentar um pouco de contexto. Na cena 1, digamos, estou tocando uma música de um disco do grupo *The Mamas and the Papas* ("Os anos 60 viverão para sempre — paz e amor!") para meus alunos adolescentes. Na cena 2, os mesmos jovens estão vendo uma fotografia levemente desbotada e amassada, mas genuína, que foi legada a um deles por sua tataravó.

O primeiro "antigo" tem um quê de negativo. O segundo "antigo" tem um ar de irreverência. "Antigo" pode nos transmitir impressões muito diferentes.

Enquanto Igreja, nós somos antigos — temos cerca de dois mil anos. No geral, isso é bom. Uma desvantagem de ser realmente antigo é que podemos nos prender a uma mentalidade que diz: "Nós sempre fizemos assim, e tem funcionado bem o bastante, portanto, não agitemos o barco com nenhuma mudança estúpida". Levou vários séculos, por exemplo, para que se chegasse à assombrosa conclusão de que deveríamos realizar o culto num idioma que efetivamente entendêssemos. (Alguns de nós, contudo, pessoas *com mais experiência*, ainda gostam de uma missa em latim de vez em quando.)

A vantagem é que nossa fé é rica em tradições maravilhosas que não envelhecem no sentido de se esgotarem e se exaurirem. Nossa fé católica é como um antigo castelo que foi renovado com novo sistema de aquecimento, novo encanamento e nova instalação elétrica, e, no entanto, está cheio de velhas lareiras de pedra, escadarias sinuosas de mármore com intrincadas balaustradas de carvalho entalhado e aposentos e mais aposentos, que podem ser iluminados com grandes candelabros fixados nas paredes. Os aparelhos de som digitais ultramodernos convivem com os gigantescos órgãos de foles. Quando você entra em um cômodo, você sabe que está vivendo no presente e, entretanto, sente-se conectado a milhões de pessoas que estiveram no mesmo cômodo em outro século.

A seguir há apenas algumas de nossas tradições. Selecionar somente estas tradições é como escolher algumas poucas jóias de um baú que contém centenas delas, mas seriam necessários muitos livros, e não somente este pequeno volume, para incluir todas as nossas tradições.

Comecemos com *coisas*.

Eu o conduzirei a uma cena que realmente se deu em nossa igreja não faz muito tempo.

É uma hora da tarde. Um grupo de jovens está ali para fazer uma "vigília", uma ocasião especial de espera e preparação. Em cerca de sete horas, eles receberão o sacramento da crisma. Estamos sozinhos, nos dedicando a orações pessoais, cada um indo rezar em qualquer lugar dentro de nossa grande igreja, e depois nos reuniremos para uma oração em grupo.

Eu olho para a bancada das velas, com freqüência chamadas de velas votivas, ou, às vezes (apropriadamente para esta ocasião), velas de vigília, com um genuflexório na frente. Vejo um jovem — que não tem a reputação de ser o mais religioso da classe — acendendo uma vela vagarosamente, cuidadosamente. Ele enfia a mão no bolso, tira uma moeda, e a insere na fenda da caixa de oferendas. Faz-se um ruído abafado, metálico, o mesmo ruído que as moedas têm feito durante as décadas em que a bancada de velas tem estado ali. Ele faz o sinal-da-cruz, reza por alguns momentos, levanta-se para se retirar, pára, volta ao genuflexório (não estou inventando isso), deposita outra moeda, e acende uma segunda vela.

O que está acontecendo? Ele está entrando em contato com uma de nossas tradições católicas. Nós usamos *coisas* para fazer contato com Deus e para expressar nossa fé nele.

Por quê? Será que não podemos fazer contato com Deus diretamente em nossas mentes? Não se trata disso. É porque nós não somos feitos apenas de pensamentos. Nós fazemos outras coisas além de pensar. Como seres humanos, também vemos e ouvimos, sentimos sabores e odores, temos sensações e sentimentos. Precisamos fazer essas coisas tanto quanto pensar. Desse modo nossa fé não se desvia delas quando estabelece comunicação entre Deus e nós.

Infelizmente, é fácil entender isso de maneira errada. As próprias velas da vigília, por exemplo, não possuem nenhum poder mágico que *faz* com que Deus atenda nossos pedidos. Acender muitas dúzias de velas não nos dará permissão para ignorar nossos pecados somente porque temos todas aquelas velas acesas por nós na igreja.

O que significam as velas? E todas as outras *coisas*, como a água benta e as imagens e as medalhinhas abençoadas e assim por diante? Não se trata de mágica, definitivamente. Mas também não se trata de baboseiras religiosas sentimentalóides.

É, de certa forma, o seguinte: um rapaz gosta de uma garota, então ele lhe manda uma dúzia de rosas. Ou ele guarda uma e lhe manda onze, com um bilhete que diz: "Nós não somos completos um sem o outro".

As rosas são uma forma de se comunicar. Elas simbolizam o que ele quer dizer a ela e o que ele quer ser para ela. Mesmo quando ele não está com ela, as rosas estão ali para dizer: "Eu pertenço a você".

A vela é uma forma de dizer a Deus: "Eu acredito em você e quero ser seu ou sua". É claro que podemos dizer isso dentro de nós mesmos, e isso funciona bem; mas fazer o esforço extra de acender uma vela e fazer uma oferenda envolve a maravilhosa dimensão especificamente humana de nosso corpo, de nossos sentidos. E, como as rosas, a vela continua ardendo mesmo depois que a pessoa que a acendeu deixou a igreja e foi comer um delicioso hambúrguer.

Evidentemente, alguém poderia enviar rosas ou acender uma vela e estar simplesmente representando um papel, tentando dizer algo que não é completamente verdadeiro, tentando causar uma impressão sem *ser* o tipo de pessoa que o objeto supostamente representa. Mas quando a ação é real e sincera, é maravilhosa, seja quando envolve velas, ou água benta, ou escapulários, ou incenso, ou qualquer outra dessas coisas maravilhosas que denominamos "sacramentais".

E isso se encaixa na realidade espetacular que chamamos de Encarnação — Deus torna-se um ser humano e transforma quase todas as coisas materiais em meios de comunicar-se conosco.

Desloquemos nossa atenção dos objetos concretos para a linguagem corporal.

Segundo a tradição, uma maneira elegante de um rapaz propor casamento a uma garota que ama é "de joelhos". Ele se abaixa diante dela sobre um dos joelhos ou sobre os dois e pergunta: "Você aceita se casar comigo?". Esse gesto não significa que ele se julga inferior ou indigno. É um sinal de quanto ele a reverencia e de como ele a adora em seu coração.

O nome para o que ele está fazendo é *genuflexão*, que vem de duas palavras latinas que significam "dobrar (flexionar) o joelho".

É uma tradição católica ajoelhar-se ao entrar e ao sair de uma igreja católica, assim como em outros momentos durante nosso culto. Essa é uma maneira de usar nossas ações e nossos corpos para expressar algo que sentimos e que tencionamos demonstrar — nossa reverência por estar na presença especial do Senhor, mais especialmente por sua presença na Eucaristia, que está guardada no sacrário.

Como muitos outros gestos, religiosos ou não, ajoelhar-se pode se tornar um ato rotineiro e mecânico. Mas não tem de ser assim. Na próxima vez, empenhe nessa ação sua mente e seu coração, tanto quanto as juntas de seus joelhos, e veja que diferença isso faz na maneira como você inicia sua oração.

Além da genuflexão, há muitas outras maneiras de mostrar sua fé de acordo com o modo como usamos ou posicionamos nossos corpos. A que usamos com maior freqüência é provavelmente o sinal-da-cruz. Isso também pode se tornar uma rotina e um ato mecânico, como o costume social de cumprimentar apertando as mãos.

Mas há momentos em que um aperto de mão pode ser muito deliberado e profundamente significativo, acompanhado de um olhar intenso e de um sorriso genuíno. Nem todo aperto de mão será como este, e tampouco todo sinal-da-cruz. Mas podemos nos esforçar para acrescentar mais significado ao ato; não devemos deixar que seja sempre apenas rotina. Trata-se de uma de nossas melhores tradições.

Num simples movimento da mão e do braço, expressamos duas coisas absolutamente extraordinárias: (1) Acreditamos num Deus que é uma trindade misteriosa e maravilhosa de Pai, Filho e Espírito Santo — Criador, Salvador e Aquele que dá a Vida; (2) Acreditamos que Deus inverteu o modo como as coisas *parecem* ser. Uma cruz por si mesma *pareceria* ser um símbolo de fracasso e desgraça; mas a morte de Jesus na cruz tornou-se o maior de todos os sucessos e vitórias.

Nossa postura corporal básica tem sentido para o culto e para a oração. Ajoelhar-se é um sinal de adoração e de arrependimento pelos pecados. Sentar indica estar atento àquilo que alguém está dizendo. (Não que o fato de sentar-se *faça com que* isso aconteça, especialmente se naquele momento seus olhos estão fechados e seu queixo está apoiado no seu peito.)

Ficar com os braços estendidos e as palmas voltadas para cima com o rosto também dirigido para o alto pode ser um sinal de total abertura para o que quer que Deus tenha planejado. (Tente fazer isso ao rezar — mesmo que você tenha de fechar e trancar a porta antes — e veja se não se *sente diferente* em relação à oração que está fazendo!)

Falemos agora dos tempos e dos dias especiais.

Se você se guia somente pelo mundo comercial, você quase tem de se esforçar para se sentir diferente de uma época do ano para outra. As vendas relacionadas à volta às aulas começam logo após o fim das vendas de Natal. Tudo está aberto sete dias por semana, muitas vezes vinte e quatro horas por dia, e todo dia há uma liquidação imperdível (só até amanhã!). Isso faz com que todos os dias passem numa mesmice insípida e generalizada.

Nossa fé tem tradições sazonais que se contrapõem a essa mesmice com salpicos de diferentes cores, músicas, ações e gestos, palavras, decorações e memórias. Mas para que isso funcione é preciso prestar atenção a essas coisas, dedicar algum tempo a elas, ligar nossas vidas a elas.

Muitas destas tradições estão relacionadas àquilo que chamamos de "ano litúrgico". Ele se divide em tempos, cada um dos quais com seu próprio caráter ou sentimento particular. O Advento, o tempo que precede o Natal, traz o sentimento de que algo maravilhoso está para acontecer. É o sentimento que você tinha quando era criança, na noite da véspera do Natal, quando o Papai Noel deveria aparecer magicamente (ou deixar sensacionais sinais de sua presença).

O tempo de Natal na Igreja concentra-se na maravilhosa proximidade entre Deus e nós. Ela nos ajuda a perceber quão importante somos: celebramos o fato de Deus *ter se tornado um ser humano para nos salvar* — o que é um truque muito bom até para Deus, e não algo que Deus faria sem que tivesse uma razão consideravelmente boa. Como nos amar imensamente.

Durante a Quaresma, pensamos muito sobre nosso lado mais sombrio: as atitudes que precisam ser modificadas, o comportamento que precisa ser consertado, o egoísmo que precisa ser extirpado. Estes não são os tópicos sobre os quais mais gostamos de pensar, e talvez raramente o fizéssemos caso não tivéssemos um tempo especial para isso, como a Quaresma. Mas a Quaresma também traz a alegria de saber que estamos fazendo algo a respeito daquilo que precisa ser consertado, e que estamos nos preparando para a grande celebração que está por vir.

E então vem a Páscoa. A vitória de Jesus entra em cena como um gol de placa marcado no último segundo antes que o juiz apitasse o fim do jogo. Se entramos no espírito do tempo litúrgico, reagimos da mesma maneira como reage o time vencedor: com uma alegria ilimitada, com um sentimento de *"Sim, nós vencemos! Parece inacreditável, mas é verdade!"*.

Nem todo tempo litúrgico pode ou deve ser tão carregado de sentimentos dramáticos. Assim, temos as semanas do Tempo Comum; uma entre o Natal e a Quaresma, e outra mais longa entre a Páscoa e o Advento. Durante esse período, porém, alguns dias especiais recordam idéias importantes, como a festa de *Corpus Christi*, que é a celebração da presença de Cristo entre nós na Eucaristia. Há também a Assunção, o dia em que recordamos como é maravilhoso que uma de nós, Maria, já desfrute sua presença no céu, não apenas espiritualmente, mas de corpo e alma, dando-nos a esperança de que nós também possamos um dia estar no céu, de corpo e alma. E celebramos o fato de que ela, sendo uma mãe (a melhor de todos os tempos), fará tudo o que estiver ao seu alcance para nos ajudar a nos unir a ela no céu.

Nossas tradições são como o próprio Jesus. Nenhuma delas cai opressivamente sobre nós e exige que dediquemos a ela nossa atenção e que as adotemos. Algumas delas podem falar mais alto que outras, mas agora você tem algumas com as quais se familiarizar melhor.

Da próxima vez que entrar numa igreja, esteja atento para não agir no "modo mecânico automático". Em vez disso, sinta a água benta, sinta e pense no sinal-da-cruz, sinta a genuflexão no seu corpo e concentre-se naquilo que ela exprime, perceba a cor que predomina no altar, recorde qual é a estação atual no Ano Litúrgico, e, talvez, considere a idéia de gastar um tempo com Deus à luz de uma vela de vigília.

> Que minha prece seja o incenso diante de ti, / e minhas mãos erguidas, a oferenda da tarde.
>
> (Sl 141[140],2)

10,5

Uma conversa final

Leitor: Quem venceu o jogo de pingue-pongue que você jogou no intervalo?

Autor: Como você sabe que eu joguei pingue-pongue em vez de ler poesias do século XVIII?

Leitor: Foi só um chute.

Autor: Empatamos quatro jogos.

Leitor: Quem é o santo padroeiro dos atletas?

Autor: São Sebastião. Ele realmente ajuda quando você está jogando contra alguém que tem um saque forte.

Leitor: E se o seu oponente estiver rezando para ele também?

Autor: Talvez tenha sido por isso que os quatro jogos deram em empate. Em todo caso, espero que você tenha gostado do livro e que tenha talvez escolhido aqui ou ali uma razão para ser católico, ou que tenha alcançado uma maior compreensão do que significa ser católico. É como uma rica tradição — como aquele velho castelo que eu mencionei no Capítulo 10. Se você ficar prestando atenção, vai continuar encontrando corredores e cômodos e todos os tipos de coisas que não percebia que estavam ali. É por isso que existem muitos estilos de ser católico.

Leitor: O que você quer dizer?

Autor: Só isso. Você encontrará alguns católicos dizendo que precisamos empregar mais tempo em meditações e em orações tradicionais, e encontrará católicos dizendo que precisamos empregar mais tempo levando o auxílio de Jesus aos desabrigados e aos pobres.

Leitor: E quem está certo?

Autor: Os dois. O próprio Jesus, por exemplo, fez ambas as coisas. Mas ninguém tem tempo suficiente para fazer de *todas as coisas católicas* o principal empenho de sua vida. Não que escolhamos o que quer que queiramos acreditar. Simplesmente não podemos ignorar a Eucaristia; ela é central para a vida católica. Mas, além do básico, há muitos estilos de católicos, muitas devoções e práticas e intervenções. Alguns de nós católicos vivem em mosteiros, e outros se dedicam a dar abrigo e alimento aos pobres, e outros vão a conselhos paroquiais e organizam quermesses. Alguns de nós rezamos orações muito definidas e tradicionais, em horários definidos ao longo de cada dia, e outros tendem a falar com Deus muitas vezes por dia, durante o que quer que estejam fazendo. Essa é uma das melhores coisas de se ser um católico. Há espaço para muitos modos de seguir Jesus. Com efeito, a palavra "católico" significa "universal" ou "totalmente abrangente". Bem, é isso. Este é o livro. Obrigado por lê-lo. Vamos rezar um pelo outro, certo?

Leitor: Certo.

"Há uma coisa que eles não sabem", disse Alexandre rindo, enquanto segurava o volante. "Um pouco mais abaixo..."

Leitor: Espere um pouco. Deixe-me adivinhar. Há uma estradinha que só Alexandre conhece, certo?

Autor: É! Como você sabia?

Leitor: Acho que eu sou adivinho. E ele dirige o reboque até essa estrada antes de chegar ao ponto em que estão os outros dois caminhões.

Autor: Isto!

Leitor: E então todos chegam juntos a uma ponte sobre um rio, mas a ponte caiu, e há uma barreira, mas Alexandre consegue acelerar o reboque a

200 km/h e atravessa a barreira e voa sobre o rio, caindo ileso do outro lado.

Autor: Inacreditável! Era exatamente o que ia acontecer! Como você sabia?

Leitor: Você já ouviu falar no Bruce Willis? Mas será que Alexandre e Samanta *nunca* vão se beijar?

Autor: Vamos ter de ajudá-los um pouco. Tente São Rafael e São Valentim.

Leitor: O quê?

Autor: São os santos padroeiros dos apaixonados.

Há diversidade de dons da graça, mas o Espírito é o mesmo; há diversidade de ministérios, mas o é o mesmo Senhor; diversos modos de ação, mas é o mesmo Deus que realiza tudo em todos. A cada um é dado o dom de manifestar o Espírito em vista do bem de todos.

(1Cor 12,4-7)

DISTRIBUIDORES DE EDIÇÕES LOYOLA

Se o(a) senhor(a) não encontrar qualquer um de nossos livros em sua livraria preferida ou em nossos distribuidores, faça o pedido por reembolso postal à:
Rua 1822 nº 347, Ipiranga – CEP 04216-000 – São Paulo, SP
Caixa Postal 42.335 – CEP 04218-970 – São Paulo, SP
Tel.: 11 6914-1922 – **Fax:** 11 6163-4275
vendas@loyola.com.br www.loyola.com.br

BAHIA

LIVRARIA E DISTRIBUIDORA MULTICAMP LTDA.
Rua Direita da Piedade, 203 – Piedade
Tel.: (71) 2101-8010 / 2101-8009
Telefax: (71) 3329-0109
40070-190 Salvador, BA
multicamp@uol.com.br

MINAS GERAIS

ASTECA DISTRIBUIDORA DE LIVROS LTDA.
Rua Costa Monteiro, 50 e 54
Bairro Sagrada Família
Tel.: (31) 3423-7979 • Fax: (31) 3424-7667
31030-480 Belo Horizonte, MG
distribuidora@astecabooks.com.br

MÃE DA IGREJA LTDA.
Rua São Paulo, 1054/1233 – Centro
Tel.: (31) 3213-4740 / 3213-0031
30170-131 Belo Horizonte, MG
maedaigrejabh@wminas.com

RIO DE JANEIRO

ZÉLIO BICALHO PORTUGAL CIA. LTDA.
Vendas no Atacado e no Varejo
Av. Presidente Vargas, 502 – sala 1701
Telefax: (21) 2233-4295 / 2263-4280
20071-000 Rio de Janeiro, RJ
zeliobicalho@prolink.com.br

EDITORA VOZES LTDA – SEDE
Rua Frei Luis, 100 – Centro
25689-900 Petrópolis, RJ
Tel.: (24) 2233-9017 • Fax: (24) 2246-5552
vozes62@uol.com.br

RIO GRANDE DO SUL

LIVRARIA E EDITORA PADRE REUS
Rua Duque de Caxias, 805
Tel.: (51) 3224-0250 • Fax: (51) 3228-1880
90010-282 Porto Alegre, RS
livrariareus@livraria-padre-reus.com.br

SÃO PAULO

DISTRIBUIDORA LOYOLA DE LIVROS LTDA.
Vendas no Atacado
Rua São Caetano, 959 – Luz
Tel.: (11) 3322-0100 • Fax: (11) 3322-0101
01104-001 São Paulo, SP
vendasatacado@livrarialoyola.com.br

LIVRARIAS PAULINAS
Via Raposo Tavares, km 19,145
Tel.: (11) 3789-1425 / 3789-1423
Fax: (11) 3789-3401
05577-300 São Paulo, SP
expedicao@paulinas.org.br

REVENDEDORES DE EDIÇÕES LOYOLA

AMAZONAS

EDITORA VOZES LTDA.
Rua Costa Azevedo, 105 – Centro
Tel.: (92) 3232-5777 • Fax: (92) 3233-0154
69010-230 Manaus, AM
vozes61@uol.com.br

LIVRARIAS PAULINAS
Av. 7 de Setembro, 665
Tel.: (92) 3633-4251 / 3233-5130
Fax: (92) 3633-4017
69005-141 Manaus, AM
livmanaus@paulinas.org.br

BAHIA

EDITORA VOZES LTDA.
Rua Carlos Gomes, 698A –
Conjunto Bela Center – loja 2
Tel: (71) 3329-5466 • Fax: (71) 3329-4749
40060-410 Salvador, BA
vozes20@uol.com.br

LIVRARIAS PAULINAS
Av. 7 de Setembro, 680 – São Pedro
Tel.: (71) 3329-2477 / 3329-3668
Fax: (71) 3329-2546
40060-001 Salvador, BA
livsalvador@paulinas.org.br

BRASÍLIA

EDITORA VOZES LTDA.
SCLR/Norte – Q. 704 – Bloco A n. 15
Tel.: (61) 3326-2436 • Fax: (61) 3326-2282
70730-516 Brasília, DF
vozes09@uol.com.br

LIVRARIAS PAULINAS
SCS – Q. 05 / Bl. C / Lojas 19/22 – Centro
Tel.: (61) 3225-9595 • Fax: (61) 3225-9219
70300-500 Brasília, DF
livbrasilia@paulinas.org.br

CEARÁ

EDITORA VOZES LTDA.
Rua Major Facundo, 730
Tel.: (85) 3231-9321 • Fax: (85) 3231-4238
60025-100 Fortaleza, CE
vozes23@uol.com.br

LIVRARIAS PAULINAS
Rua Major Facundo, 332
Tel.: (85) 226-7544 / 226-7398
Fax: (85) 226-9930
60025-100 Fortaleza, CE
livfortaleza@paulinas.org.br

ESPÍRITO SANTO

LIVRARIAS PAULINAS
Rua Barão de Itapemirim, 216 – Centro
Tel.: (27) 3223-1318 / 0800-15-712
Fax: (27) 3222-3532
29010-060 Vitória, ES
livvitoria@paulinas.org.br

GOIÁS

EDITORA VOZES LTDA.
Rua 3, nº 291
Tel.: (62) 3225-3077 • Fax: (62) 3225-3994
74023-010 Goiânia, GO
vozes27@uol.com.br

LIVRARIA ALTERNATIVA
Rua 70, nº 124 – Setor Central
Tel.: (62) 3229-0107 / 3224-4292
Fax: (62) 3212-1035
74055-120 Goiânia, GO
distribuidora@livrariaalternativa.com.br

LIVRARIAS PAULINAS
Av. Goiás, 636
Tel.: (62) 224-2585 / 224-2329
Fax: (62) 224-2247
74010-010 Goiânia, GO
livgoiania@paulinas.org.br

MARANHÃO

EDITORA VOZES LTDA.
Rua da Palma, 502 – Centro
Tel.: (98) 3221-0715 • Fax: (98) 3222-9013
65010-440 São Luís, MA
livrariavozes@terra.com.br

LIVRARIAS PAULINAS
Rua de Santana, 499 – Centro
Tel.: (98) 232-3068 / 232-3072
Fax: (98) 232-2692
65015-440 São Luís, MA
fspsaoluis@elo.com.br

MATO GROSSO

EDITORA VOZES LTDA.
Rua Antônio Maria Coelho, 197A
Tel.: (65) 3623-5307 • Fax: (65) 3623-5186
78005-970 Cuiabá, MT
vozes54@uol.com.br

MINAS GERAIS

ASTECA DISTRIBUIDORA DE LIVRO LTDA.
Av. Dr. Cristiano Guimarães, 2127
sala 108 – Planalto
Tel.: (31) 3443-3990
31720-300 Belo Horizonte, MG

EDITORA VOZES LTDA.
Rua Sergipe, 120 – loja 1
Tel.: (31) 3226-9010 • Fax: (31) 3226-7797
30130-170 Belo Horizonte, MG
vozes04@uol.com.br

Rua Tupis, 114
Tel.: (31) 3273-2538 • Fax: (31) 3222-4482
30190-060 Belo Horizonte, MG
vozes32@uol.com.br

Rua Espírito Santo, 963
Tel.: (32) 3215-9050 • Fax: (32) 3215-8061
36010-041 Juiz de Fora, MG
vozes35@uol.com.br

LIVRARIAS PAULINAS
Av. Afonso Pena, 2142
Tel.: (31) 3269-3700 • Fax: (31) 3269-3730
30130-007 Belo Horizonte, MG
livbelohorizonte@paulinas.org.br

Rua Curitiba, 870 – Centro
Tel.: (31) 3224-2832 • Fax: (31) 3224-2208
30170-120 Belo Horizonte, MG
gerencialivbelohorizonte@paulinas.org.br

PARÁ

LIVRARIAS PAULINAS
Rua Santo Antônio, 278 – B. do Comércio
Tel.: (91) 3241-3607 / 3241-4845
Fax: (91) 3224-3482
66010-090 Belém, PA
livbelem@paulinas.org.br

PARANÁ

EDITORA VOZES LTDA.
Rua Pamphilo de Assumpção, 554 – Centro
Tel.: (41) 3333-9812 • Fax: (41) 3332-5115
80220-040 Curitiba, PR
vozes21@uol.com.br

Rua Emiliano Perneta, 332 – loja A
Telefax: (41) 3233-1392
80010-050 Curitiba, PR
vozes64@uol.com.br

Rua Senador Souza Naves, 158-C
Tel.: (43) 3337-3129 • Fax: (43) 3325-7167
86020-160 Londrina, PR
vozes41@uol.com.br

LIVRARIAS PAULINAS
Rua Voluntários da Pátria, 225
Tel.: (41) 3224-8550 • Fax: (41) 3223-1450
80020-000 Curitiba, PR
livcuritiba@paulinas.org.br

Av. Getúlio Vargas, 276 – Centro
Tel.: (44) 226-3536 • Fax: (44) 226-4250
87013-130 Maringá, PR
livmaringa@paulinas.org.br

PERNAMBUCO, PARAÍBA, ALAGOAS, RIO GRANDE DO NORTE E SERGIPE

EDITORA VOZES LTDA.
Rua do Príncipe, 482
Tel.: (81) 3423-4100 • Fax: (81) 3423-7575
50050-410 Recife, PE
vozes10@uol.com.br

LIVRARIAS PAULINAS
Rua Duque de Caxias, 597 – Centro
Tel.: (83) 241-5591 / 241-5636 • Fax: (83) 241-6979
58010-821 João Pessoa, PB
livjpessoa@paulinas.org.br

Rua Joaquim Távora, 71
Tel.: (82) 326-2575 • Fax: (82) 326-6561
57020-320 Maceió, AL
livmaceio@paulinas.org.br

Rua João Pessoa, 224 – Centro
Tel.: (84) 212-2184 • Fax: (84) 212-1846
59025-200 Natal, RN
livnatal@paulinas.org.br

Rua Frei Caneca, 59 – Loja 1
Tel.: (81) 3224-5812 / 3224-6609
Fax: (81) 3224-9028 / 3224-6321
50010-120 Recife, PE
livrecife@paulinas.org.br

RIO DE JANEIRO

EDITORA VOZES LTDA.
Rua México, 174 – Sobreloja – Centro
Telefax: (21) 2215-0110 / 2533-8358
20031-143 Rio de Janeiro, RJ
vozes42@uol.com.br

LIVRARIAS PAULINAS
Rua 7 de Setembro, 81-A
Tel.: (21) 2232-5486 • Fax: (21) 2224-1889
20050-005 Rio de Janeiro, RJ
livjaneiro@paulinas.org.br

Rua Dagmar da Fonseca, 45
Loja A/B – Bairro Madureira
Tel.: (21) 3355-5189 / 3355-5931
Fax: (21) 3355-5929
21351-040 Rio de Janeiro, RJ
livmadureira@paulinas.org.br

Rua Doutor Borman, 33 – Rink
Tel.: (21) 2622-1219 • Fax: (21) 2622-9940
24020-320 Niterói, RJ
livniteroi@paulinas.org.br

ZÉLIO BICALHO PORTUGAL CIA. LTDA.
Rua Marquês de S. Vicente, 225 – PUC
Prédio Cardeal Leme – Pilotis
Telefax: (21) 2511-3900 / 2259-0195
22451-041 Rio de Janeiro, RJ

Centro Tecnologia – Bloco A – UFRJ
Ilha do Fundão – Cidade Universitária
Telefax: (21) 2290-3768 / 3867-6159
21941-590 Rio de Janeiro, RJ
livrariaaliança@prolink.com.br

RIO GRANDE DO SUL

EDITORA VOZES LTDA.
Rua Riachuelo, 1280
Tel.: (51) 3226-3911 • Fax: (51) 3226-3710
90010-273 Porto Alegre, RS
vozes05@uol.com.br

LIVRARIAS PAULINAS
Rua dos Andradas, 1212 – Centro
Tel.: (51) 3221-0422 • Fax: (51) 3224-4354
90020-008 Porto Alegre, RS
livpalegre@paulinas.org.br

RONDÔNIA

LIVRARIAS PAULINAS
Rua Dom Pedro II, 864 – Centro
Tel.: (69) 3224-4522 • Fax: (69) 3224-1361
78900-010 Porto Velho, RO
fsp-pvelho@ronet.org.br

SANTA CATARINA

EDITORA VOZES
Rua Jerônimo Coelho, 308
Tel.: (48) 3222-4112 • Fax: (48) 3222-1052
88010-030 Florianópolis, SC
vozes45@uol.com.br

SÃO PAULO

DISTRIB. LOYOLA DE LIVROS LTDA.
Vendas no Varejo
Rua Senador Feijó, 120
Telefax: (11) 3242-0449
01006-000 São Paulo, SP
senador@livrarialoyola.com.br

Rua Barão de Itapetininga, 246
Tel.: (11) 3255-0662 • Fax: (11) 3231-2340
01042-001 São Paulo, SP
loyola_barao@terra.com.br

Rua Quintino Bocaiúva, 234 – Centro
Tel.: (11) 3105-7198 • Fax: (11) 3242-4326
01004-010 São Paulo, SP
atendimento@livrarialoyola.com.br

EDITORA VOZES LTDA.
Rua Senador Feijó, 168
Tel.: (11) 3105-7144 • Fax: (11) 3105-7948
01006-000 São Paulo, SP
vozes03@uol.com.br

Rua Haddock Lobo, 360
Tel.: (11) 3256-0611 • Fax: (11) 3258-2841
01414-000 São Paulo, SP
vozes16@uol.com.br

EDITORA VOZES LTDA.
Rua dos Trilhos, 627 – Mooca
Tel.: (11) 6693-7944 • Fax: (11) 6693-7355
03168-010 São Paulo, SP
vozes37@uol.com.br

Rua Barão de Jaguara, 1097
Tel.: (19) 3231-1323 • Fax: (19) 3234-9316
13015-002 Campinas, SP
vozes40@uol.com.br

CENTRO DE APOIO AOS ROMEIROS
Setor "A", Asa "Oeste"
Rua 02 e 03 – Lojas 111 / 112 e 113 / 114
Tel.: (12) 564-1117 • Fax: (12) 564-1118
12570-000 Aparecida, SP
vozes56@uol.com.br

LIVRARIAS PAULINAS
Rua Domingos de Morais, 660 – V. Mariana
Tel.: (11) 5081-9330
Fax: (11) 5549-7825 / 5081-9366
04010-100 São Paulo, SP
livdomingos@paulinas.org.br

Rua XV de Novembro, 71
Tel.: (11) 3106-4418 / 3106-0602
Fax: (11) 3106-3535
01013-001 São Paulo, SP
liv15@paulinas.org.br

LIVRARIAS PAULINAS
Av. Marechal Tito, 981 – São Miguel Paulista
Tel.: (11) 6297-5756 • Fax: (11) 6956-0162
08010-090 São Paulo, SP
livsmiguel@paulinas.org.br

PORTUGAL

MULTINOVA UNIÃO LIV. CULT.
Av. Santa Joana Princesa, 12 E
Tel.: 00xx351 21 842-1820 / 848-3436
1700-357 Lisboa, Portugal

DISTRIB. DE LIVROS VAMOS LER LTDA.
Rua 4 de infantaria, 18-18A
Tel.: 00xx351 21 388-8371 / 60-6996
1350-006 Lisboa, Portugal

EDITORA VOZES
Av. 5 de outubro, 23
Tel.: 00xx351 21 355-1127
Fax: 00xx351 21 355-1128
1050-047 Lisboa, Portugal
vozes@mail.telepac.pt

Este livro foi composto nas famílias tipográficas
Bell MT e Avenir
e impresso em papel *Offset* $75g/m^2$

Edições Loyola

editoração impressão acabamento
rua 1822 nº 347
04216-000 são paulo sp
T 55 11 6914 1922
F 55 11 6163 4275
www.loyola.com.br